أشهر
المنتحرين في التاريخ

أشهر المنتحرين في التاريخ

اعداد

احمد محمد عطيات

المملكة الاردنية الهاشمية

رقم الإيداع لدى المكتبة الوطنية (2010/2/602)

الطبعة الأولى

201 م - 1431

الطريق للنشر والتوزيع

عمان وسط البلد شارع الملك حسين مجمع الفحيص التجاري

تلفون: ٠٠٩٦٢ ٧٩٥٤٠٠٤٧٢ ص.ب: ١٨٤٠٣٤ عمان ١١١١٨ الأردن

E-mail: **Dareltareek@yahoo.com**

الفهرس

مقدمة

عند الحديث عن الانتحار فان العديد من الاسئلة الوجودية تطرح نفسها مثل: هل الانتحار

حق للانسان ام جريمة بحق نفسه وحق الاخرين؟وهل الانتحار شجاعة واقدام ام جبن ونكوص؟

واعتقد انه ليس من السهل الاجابة على هـذه الاسئلة وغيرها دون الاتفـاق عـلى تعريـف

مؤكد ومتفق عليه لمعنى لفظة الانتحار لغة واصطلاحا وشرعاوالا كان النقـاش في الموضوع -كغـيره

من المواضيع المختلف عليها- حوار طرشان!!!

اذن دعونا ابتداء نتعرف -ونتفق- على تعريف محدد للانتحار" الإنتحار " لغة:

مشتق من كلمة نحر " أي ذبح أو قتل. و " انتحر ": قتل نفسه أو ذبحها. و يقال " تنـاحر "

القوم إذا تشاجروا لحد الهلاك. يقول ابـن منظـور في لسـان العـرب: انتحـر الرجـل أي نحر نفسـه

والنحر هو الصدر، ونحرالرجل البعير نحراً أي طعنه في منحره حيث يبدو الحلقوم من أعلى الصدر.

وفي اللغـة الإنكليزيـة، اشـتقت كلمـة (Suicide) مـن مقطعـين لاتينيـين هـما (Sui)

بمعنى"النفس أوهو"Coedere"بمعنى " يقتل ".

وكان ذلك على اللـه يسيرا " واستعملت كلمة " بخع نفسه " في القرآن الكريم و الأحاديـث

النبوية و نصوص التاريخ الإسلامي مرادفة للانتحار و تعني " أهلك نفسه أو أنهكها غـما "." فَلَعَلَّكَ

بَاخِعٌ نَفْسَكَ عَلَى آثَارِهِمْ إِنْ لَمْ يُؤْمِنُوا بِهَذَا الْحَدِيثِ أَسَفًا" الكهف/6. اي (فلعلك يا محمد قاتلٌ

نفسك ومهلكها غما وأسفا عليهم).

الانتحار اصطلاحا:عرف دور كايم الإنتحاربانه: كل حالات الموت التي تنتج بصورة مباشرة أو

غير مباشرة عن فعل ايجابي او سلبي يقوم به الفرد بنفسه « أي أن يقتل الانسان نفسه متعمداً.

قال هوميروس الانتحار حدث طبيعي وبشكل عام عمل بطـولي. وقال كافكا: المقـدم عـلى

الانتحار هو ذلك السجين الذى يراهم يعدون له منصة الإعدام

فى الساحة ويعتقد أن هذا قدر يقرره بنفسه.. يهرب فى الليل من زنزانته، ينزل إلى الساحة ويشنق نفسه. وقال ألبير كامى: الانتحار يتم فى سكون القلب مثل عمل فني عظيم. وقال بلزاك كل انتحار هو نظام راق للحزن. وقال دستويفسكي: هناك سببان يجعلاننا لا نقدم على الانتحار: الألم والخوف من عالم آخر. ومن الواضح أنه حينما تلغى الأبدية تصبح فكرة الانتحار ضرورة مطلقة لكل إنسان يستطيع أن يرتفع إلى درجة أعلى من الحيوان. إنى أقتل نفسى لأؤكد حريتى الجديدة المخيفة.

وقال نيتشه: «الموت انتظر هذا ما علمه زرادشت. أنا الذى آمركم بموتى.. الموت الإرادى الصادر مني لأنني أرغبه». وقال روسو: «بأى حق نلوم من يقدم على الانتحار. الموت هو التفكير فى الحرية. الانتحار هو انتصار الإرادة البشرية على الأشياء» وقال موريس باريه: «الانتحار هو الاعتقاد بأن هناك شيئاً جاداً فى العالم».وقال تعالى:{ولا تقتلوا أنفسكم إن الله كان بكم رحيما * ومن يفعل ذلك عدواناً وظلماً فسوف نصليه ناراً وكان ذلك على الله يسيراً } وقال نبينا محمد صلى الله عليه وسلم حيث روى أبو هريرة قال: قال رسول الله صلى الله عليه وسلم: " من قتل نفسه بحديدة فحديدته في يده يتوجأ بها في بطنه في نار جهنم خالدا مخلدا فيها أبدا، ومن شرب سماً، فقتل نفسه فهو يتحساه في نار جهنم خالدا مخلدا فيها أبدا، ومن تردى من جبل فقتل نفسه فهو يتردى في نار جهنم خالدا مخلدا فيها أبدا " [رواه مسلم].

وعن أبي هريرة قال شهدنا مع رسول الله صلى الله عليه وسلم حنيناً فقال لرجل ممن يدعى بالإسلام هذا من أهل النار فلما حضرنا القتال قاتل الرجل قتالا شديدا فأصابته جراحة فقيل يا رسول الله الرجل الذي قلت له آنفا إنه من أهل النار فإنه قاتل اليوم قتالا شديدا وقد مات فقال النبي صلى الله عليه وسلم إلى النار فكاد بعض المسلمين أن يرتاب فبينما هم على ذلك إذ قيل إنه لم يمت ولكن به جراحا شديدا فلما كان من الليل لم يصبر على الجراح فقتل نفسه فأخبر النبي صلى الله عليه وسلم بذلك فقال الله أكبر أشهد أني عبد الله

ورسوله ثم أمر بلالاً فنادى في الناس إنه لا يدخل الجنة إلا نفس مسلمة وإن الله يؤيد هذا الدين بالرجل الفاجر " [رواه مسلم].

وعن سهل بن سعد الساعدي أن رسول الله صلى الله عليه وسلم التقى هو والمشركون فاقتتلوا فلما مال رسول الله صلى الله عليه وسلم إلى عسكره ومال الآخرون إلى عسكرهم وفي أصحاب رسول الله صلى الله عليه وسلم رجل لا يدع لهم شاذة إلا اتبعها يضربها بسيفه فقالوا ما أجزأ منا اليوم أحد كما أجزأ فلان فقال رسول الله صلى الله عليه وسلم أما إنه من أهل النار فقال رجل من القوم أنا صاحبه أبدا قال فخرج معه كلما وقف وقف معه وإذا أسرع أسرع معه قال فجرح الرجل جرحا شديدا فاستعجل الموت فوضع نصل سيفه وضوء وذبابه بين ثدييه ثم تحامل على سيفه فقتل نفسه فخرج الرجل إلى رسول الله صلى الله عليه وسلم فقال أشهد أنك رسول الله قال وما ذاك قال الرجل الذي ذكرت آنفا أنه من أهل النار فأعظم الناس ذلك فقلت أنا لكم به فخرجت في طلبه حتى جرح جرحا شديدا فاستعجل الموت فوضع نصل سيفه وضوء وذبابه بين ثدييه ثم تحامل عليه فقتل نفسه فقال رسول الله صلى الله عليه وسلم ثم ذلك إن الرجل ليعمل عمل أهل الجنة فيما يبدو للناس وهو من أهل النار وإن الرجل ليعمل عمل أهل النار فيما يبدو للناس وهو من أهل الجنة " [رواه مسلم].

وعن جندب رضي الله عنه عن النبي صلى الله عليه وسلم قال: " كان برجل جراح فقتل نفسه فقال الله بدرني عبدي بنفسه حرمت عليه الجنة "، وعن أبي هريرة رضي الله عنه قال قال النبي صلى الله عليه وسلم الذي يخنق نفسه يخنقها في النار والذي يطعنها يطعنها في النار " [رواه البخاري].

وعن أبي هريرة رضي الله عنه قال شهدنا مع رسول الله صلى الله عليه وسلم خيبر فقال رسول الله صلى الله عليه وسلم لرجل ممن معه يدعي الإسلام هذا من أهل النار فلما حضر القتال قاتل الرجل من أشد القتال وكثرت به الجراح فأثبتته فجاء رجل من أصحاب النبي صلى الله عليه وسلم فقال يا رسول الله أرأيت الذي تحدثت أنه من أهل النار قد قاتل في سبيل الله

من أشد القتال فكثرت به الجراح فقال النبي صلى الله عليه وسلم أما إنه من أهل النار فكاد بعض المسلمين يرتاب فبينما هو على ذلك إذ وجد الرجل ألم الجراح فأهوى بيده إلى كنانته فانتزع منها سهما فانتحر بها فاشتد رجال من المسلمين إلى رسول الله صلى الله عليه وسلم فقالوا يا رسول الله صدق الله حديثك قد انتحر فلان فقتل نفسه فقال رسول الله صلى الله عليه وسلم يا بلال قم فأذن لا يدخل الجنة إلا مؤمن وإن الله ليؤيد هذا الدين بالرجل الفاجر " [رواه البخاري].

وعن أبي هريرة عن رسول الله صلى الله عليه وسلم من خنق نفسه في الدنيا فقتلها خنق نفسه في النار ومن طعن نفسه طعنها في النار ومن اقتحم فقتل نفسه اقتحم في النار " [رواه ابن حبان].

وعن جابر بن سمرة أن رجلا من أصحاب النبي صلى الله عليه وسلم أصابته جراح فآلمت به فدب إلى قرن له في سيفه فأخذ مشقصاً فقتل نفسه فلم يصل عليه النبي صلى الله عليه وسلم " [رواه الطبراني في الكبير].

هذه هي اقوال الله ورسوله في الانتحار وذكرنا قبلها اقوال من يسمون بالفلاسفة والفكرين؛ وبعد هذا نقول: ليختر امرؤ لنفسه ما يشاء: اقوال الخلق أو اقوال رب الخلق!!!

انتحار قبطان السفينة تايتانيك إدوارد سميث

www.cools4u.com

طريقة الانتحار: الغرق"

تاريخ الانتحار: 15/4/ 1912

سبب الانتحار:اليأس

تايتانيك هي السفينة البريطانية المشهورة التى تم بنائها لنقل الركاب و خدمات البريد بين ساوثامبتون و نيويورك. كانت تيتانك فى وقت رحلتها الاولى أكبر سفينة ملاحية على وجه الأرض. وقد يكون حادث غرق سفينة التايتانيك أشهر الحوادث في العالم. وقد غرقت هذه السفينة العملاقة في أول رحلة لها في عام 1912 ومات في الحادث 1500 شخص.

وقد بلغت تكلفة السفينة، التي تعدّ الأكبر رفاهية حتى تاريخ اليوم، 7 ملايين دولار وهو ما يعادل 150 مليون دولار اليوم.

التيتانيك قبل ان تغرق

" حتى الله نفسه..لا يستطيع إغراق هذه السفينة "

هذاماقاله أحد موظفي شركة وايت ستار"عند تدشين التيتانك" في 31 مايو 1911.

في 10 إبريل 1912، ترقب العالم بلهفة ذلك الحدث التاريخي، وهو قيام السفينة تيتانك بأولى رحلاتها عبر المحيط الأطلنطي من إنجلترا إلى الولايات المتحدة.

لم تكن السفينة شيئا هينا في ذلك الوقت بعد حملة الدعاية الكبيرة التي قامت حولها مـن كل جانب، فقد أشادت الصحف كثيرا بذلك الإنجاز الرائع الـذي حققه الإنسان وعـبرت عنه تلك السفينة العملاقة التي قيل عنها أنها (لا تغرق) وهاهو الوقت قد حان ليشاهد العالم بنفسه تلك الأسطورة وذلك الإنجاز الرائع فعلى رصيف ميناء كـوين ستون بـإنجلترا كـان الاحتفـال بالغا بهـذا الحدث الكبير، فاصطف

آلاف الناس من المودعين وغير المودعين يتأملون، بإعجاب السفينة العملاقة وهي راسية في الميناء في قوة وشموخ، والمسافرون - وهم يتجهون إليها - في سعادة وكبرياء. ولا شك أن الكثيرين منهم كان يتمنى في قرارة نفسه، لو يكون له مكان على ظهر السفينة، ولو لأي بلد في العالم.

وجاء الموعد المحدد لبدء الرحلة، فارتفعت الأعلام، وبدأت فرق الموسيقى،المحتشدة على رصيف الميناء، تعزف موسيقاها الجميلة المرحة وسط هتاف المودعين والمسافرين، وبدأ صوت المحرك يعلو ويعلو حتى أخذت السفينة تيتانك تتحرك لتبدأ أولى رحلاتها وسط هذا الاحتفال البهيج * * *

لماذا غرقت؟

يرى خبراء الغرب أنه على الرغم من غرق السفينة تيتانك بهذه الصورة المفاجئة وفي أولى رحلاتها، إلا انها لا تزال من آمن السفن التي عرفتها البشرية، ليس فقط من حيث الفترة التي بنيت فيها السفينة، بل وحتى اليوم وان السبب الرئيس لغرق السفينة يكمن في كيفية وقوع الاصطدام، حيث اصطدمت السفينة بجبل الجليد الذي فاجأها وهي تسير بأقصى سرعتها..فلم يسبق أن شهدت بحار العالم مثل هذا الحادث وبنفس الكيفية التي تم بها.

السبب الحقيقي لغرق السفينة تيتانك

لقد فات على خبراء الغرب تفسير الحادث من منطلق آخر، نؤمن به نحن المسلمين.... وهو انه لا يمكن لأحد من البشر أن يتحدى قدرة الله..فهؤلاء الأثرياء ظنوا انهم في بروج عالية وان سفينتهم العملاقة تحميهم من أي خطر كان انظروا إلى ما يقوله أحد موظفي شركة وايت ستار (المصنعة للسفينة) في 31 مايو 1911"" "Not even God himself could sink this ship".

وترجمتها حرفيا (حتى الله نفسه..لا يستطيع إغراق هذه السفينة)....لقد تحدت هذه السفينة قدرة الله أو هكذا أرادوا لها من صنعوها.. وانطلقت باسم

المارد..ولكن اللـه عز وجل بقدرته التي لا حدود لها... أغرقها... وبأتفه الأسباب... بمجرد اصطدام بسيط في أحد جوانبها فهل فهموا الدرس؟؟؟؟

ركاب السفينة

ضمت السفينة التايتنك على ظهرها نخبة من أثرياء إنجلترا وأمريكا وكان القدر قد انتقاهم من هنا وهناك ليجمع بهم في هـذه الرحله فكـان مـن ضمن هـؤلاء الأثريـاء بـل أثراهم جميعـا الكونيل (جون جاكوب استور) البالغ من العمر 47 عاما وهو حفيد عائلة استور الإنجليزية الشهيرة بتجارة الفراء وقد مثل جون بنشاطه التجاري الضخم امتدادا لهذه التجارة إلى جانب امتلاكه لعـدد من الفنادق العالمية 0 وفي هذه الفترة من الزمان كان استور هـو موضع أحاديث كثيرة خاصة في المجتمع الإنجليزي بعد الفضيحة الكبيرة التي تعرض لها فقد طلقته زوجته وتـزوج بعد ذلك مـن فتاة صغيرة من نيويورك في عمر أحفاده فكانت تبلغ مـن العمر ثمانيـة عشرـ عامـا! وخـلال هـذه الرحلة كان استور وزوجته الحامل_ مادلين_في طريقهما إلى نيويورك بعد رحلة شتوية قاما بها في مصر وأوروبا لكنهما اختصرا جزء من زيارتهما لأوروبا وقررا العودة سريعـا للإقامة في أمريكا بعد حملة التشنيعات التي واجهها استور خلال إقامته في اوروبا. كما ضمت نخبة الأثريـاء (بنجـامين جاجينهيم) سليل عائله جاجنهيم الامريكيه ذات النشاط التجاري الضخم في استخراج المعادن.

كما كان هناك الثري المعروف (ازيدور ستروس) وزوجتة وازيدور هـو صـاحب أكبر مجمـع تجاري في العالم(ميكيز)

أما قبطان السفينة، كابتن (إدوارد سميث) والبالغ من العمر 62 عامـا فقد كان اسعد مـن عليها، فهذه الرحلة الأخيرة له والتي يختتم بها ما يزيد على ثلاثين عاما من العمل في أعـالي البحار، والذي شهد له الكثيرون خلال هذه الفترة بالنجاح والمهارة الفائقة.

وضمت أيضا السفينة تيتانيك في درجتها الثالثة مجموعة من الطبقات المتوسطة والفقيرة في إنجلترا والذين استجمعوا كل ما لديهم من أموال للسفر على هذه السفينة العجيبة ليس فقط من اجل المتعة ولكن أيضا للبحث عن موطن أخر قد يتوفر فيه لهم مستوى افضل من المعيشة مما يلقونه في موطنهم الأصلي.ولكن بطبيعة الحال كان وجود هؤلاء الفقراء شبه معزول عن طبقة الأثرياء التي سكنت في السفينة كما سكنت في المجتمع، الطبقة العلىا بأجنحتها الممتدة الواسعة، بينما سكنت طبقة الفقراء الطبقة السفلى من السفينة بحجراتها الضيقة القريبة من الضوضاء والضجيج.

في 14 إبريل 1912 وهو اليوم الخامس من رحلة السفينة بدأت المخاطر تتربص بالسفينة العملاقة ومن عليها من سادة القوم فمنذ ظهيرة ذلك اليوم حتى اخره، تلقت حجرة اللاسلكي بالسفينة رسائل عديدة من بعض السفن المارة بالمحيط ومن وحدات الحرس البحري تشير إلى اقتراب السفينة من الدخول في منطقة مياه جليدية مقابلة للساحل الشرقي لكندا. وعلى الرغم من هذه الرسائل العديدة التي تلقتها السفينة، لم يبد أحد من طاقمها، وعلى الأخص كابتن سميث، أي اهتمام.حتى أن عامل اللاسلكي قد تلقى بعض الرسائل ولم يقم بإبلاغها إلى طاقم السفينة لعدم اكتراثهم بها.

فعلاوة على اعتقادهم، من خبرتهم السابقة، بندرة تكون الجليد في هذه المنطقة من المحيط في شهر أبريل، فقد كانوا جميعا على ثقة بالغة بسفينتهم العملاقة تايتانك، فقد كانت تبدولهم اكبر واكبر من أن يعترض شيئا طريقها..فما بالهم يعبئون ببعض قطع من الجليد؟؟؟؟

خاصة أن المحيط هذا اليوم كان هادئا تماما كالبساط الممتد، كما كان الجو باردا لكنه كان مشمسا في معظم الوقت فماذا يمكن أن يهددهم أو يعترض طريقهم.؟؟؟

لكنه بعد حلول الظلام وبالتحديد في الساعة التاسعة مساءا من نفس هـذا اليوم، بـدأت درجة الحرارة في الانخفاض بشكل ملحوظ، ممـا جعـل كـابتن سـميث يـدرك أن السـفينة تقتـرب، بالفعل، من منطقة جليدية، لكنه على الرغم من ذلك لم يبد اهتماما كبيرا لهذا الأمر فكل ما قام به هو إعطاء الأوامر بتفقد خزانات المياه، خوفا من أن تكون المياه قد تجمدت بها، كمـا بلـغ مراقب السفينة، فر يدريك فليت، بتشديد الرقابة والإبلاغ عن أي كتل ثلجيـة ضخمة قد تتـراءى لـه. ثم دخل كابتن سميث حجرته لينام!!!

وفي الحقيقة أن كابتن سميث رغم خبرته الطويلة، قد وقع في خطأ كبير بهـذا التصرف، ربمـا لثقته البالغة بسفينته العملاقة وخبرته الطويلة، فهو لم يفكر إطلاقا في إنقاص سرعة السفينة حيث كانت تنطلق في هذا اليوم بأقصى سرعتها، كذلك نسي كـابتن سـميث أن كتـل الجليـد الضخمة قـد تفاجئ سفينته في لحظات، فقد كانت الرؤية في هذه الليلة غير قمرية غاية في الصعوبة، حتـى أن الأفق لم يكن واضحا على الإطلاق.

جبل الجليد

وفي حوالي منتصف نفس هذه الليلة، وبينما فليـت ـــ مراقب السفينة ـــ يتنـاول بعـض المشروبات الدافئة لعلها تزيل عنه البرد القارص في هذا الوقت، فجأة رأى فليت خيـالا مظلمـا يقـع مباشرة في طريق السفينة، وفي ثوان معدودات بدأ هذا الخيال يزداد بشكل ملحـوظ حتـى تمكـن فليت من تحديده..إنه جبل جليدي،

فقام فليت بسرعة بإطلاق جرس الإنذار عدة مرات لإيقاظ طاقم السفينة، كما قام بالاتصال بالضابط المناوب واخبره بوجود جبل من الثلج يقع مباشرة في اتجاه السفينة،حيث قام بسرعة وأمر بتغير اتجاه السفينة ثم بإيقاف المحركات.

ولكن لم يكن هناك أي فرصة لتجنب الاصطدام، فارتطم جبل الثلج بجانب السفينة.

ومن الغريب أن هذا التصادم لم يكن ملحوظا أو مسموعا بدرجة واضحة، حتى أن باقي أفراد طاقم السفينة قد ظنوا انهم نجحوا في تغيير المسار وتجنب الاصطدام، ومع حدوث هذا التصادم، تساقطت كتل كبيرة من الثلج على ظهر السفينة،وعلى الرغم من ذلك لم تهتز السفينة إلا هزة بسيطة كانت غير ملحوظة، لكنها انزلقت قليلا من الخلف، وبعد عدة دقائق توقفت السفينة تماما عن الحركة.

الغفلة وعدم الاكتراث

لم يشعر معظم ركاب السفينة بان سفينتهم العملاقة قد اصطدمت بأي شئ، فإلى جانب أن التصادم كان غير مسموعا بدرجة كافية، كان معظم المسافرين داخل حجراتهم، في هذه الليلة الباردة بل أن الكثيرين منهم كانوا قد استغرقوا قي النوم، فلم يكن مستيقظا في ذلك الوقت سوى بعض الرجال الذين كانوا يدخنون السيجار في الغرفة الخاصة لذلك من الدرجة الأولى، بعد تناولهم العشاء وبعد انصراف زوجاتهم إلى حجرات النوم، ولم يكن صوت هذا التصادم مسموعا لهم ألا بدرجة خافته، فقام اثنان منهم واتجها إلى ظهر السفينة لمعرفة سبب هذا الصوت الخافت، وتبعهما بعد ذلك آخرون وآخرون، ومن الغريب انهم جميعا لم يبدوا أي اهتمام، فلم يبالوا إلا بمشاهدة جبل الثلج والقطع المتناثرة منه على ظهر السفينة، ثم عادوا جميعا بعد ذلك لما كانوا فيه، فمنهم من عاد ليكمل لعبته المسلية، ومنهم من عاد لتدخين السيجار وتتناول المشروبات، كما دخل بعضهم حجراتهم الخاصة ليخلدوا للنوم!

كذلك عبر بعض المارين بالسفينة في ذلك الوقت عن إحساسهم بهذا التصادم بصور مختلفة، فقال بعضهم: (انه كان يبدو كما لو كانت السفينة مرت على ارض من المرمر)!، وهو تشبيه ملائم تماما لتلك الطبقة الأرستقراطية، كما ذكر آخرون: (انه كان يبدو كالصوت الصادر عن تمزيق قطعة قماش).

أما عند قاع السفينة فكان هذا التصادم يعني شيئا اخطر بكثير مما اعتقده ركاب السفينة.

فبعد توقف السفينة عقب حدوث التصادم، اكتشف الفنيون حدوث كسر بجانب السفينة تسللت منه المياه وغمرت خمس أقسام من الستة عشر قسما بأسفل السفينة، كما توقفت الغلايات عن العمل تماما، وامتلأت أيضا حجرة البريد بالمياه التي طفت فوقها عشرات الخطابات، مما يشير إلى كارثة وان غرق السفينة تيتانك أمر محتم.

لم يحاول كابتن سميث تفسير ما حدث، لكنه تصرف بطريقة عمليه فأعطى أوامره في الحال بإيقاظ جميع الركاب لإخلاء السفينة وإعداد قوارب النجاة، كما أمر بإرسال نداء الإغاثة (sos).

ولكن كانت هناك مشكلة أخرى واجهت سميث، فعدد ركاب السفينة هو 2227 راكبا، بينما عدد قوارب النجاة الموجودة بالسفينة لا تكفي حمولتها جميعا إلا لنقل 1100 راكبا وكانت هذه الحقيقة غائبة تماما عن ركاب السفينة، الذين خرجوا من حجراتهم إلى ظهر السفينة في هدوء تام وعدم اكتراث، بل أن بعضهم خرج يغني ويمزح،وكأنهم يسخرون من هذا الموقف، فهم لا يزالون يعتقدون انهم على ظهر السفينة العملاقة التي لا يمكن أن تغرق.

ركاب السفينة والذين ظهر بعضهم بثياب النوم يرتدون سترات النجاة، ثم اخذوا يصعدون قوارب النجاة تحت تعلىمات كابتن سميث، الذي أمر بإخلاء السفينة من النساء والأطفال أولا، على أن يذهب الرجال بعد ذلك إلى قوارب النجاة إذا توفر لهم أماكن بها.

وفي الحقيقة أن بعض الركاب لم يكن يريد الدخول إلى قوارب النجاة، فكانت السفينة العملاقة لا تزال مطمئنة بالنسبة لهم عن قوارب النجاة الصغيرة، حتى أن بعض البحارة قد اخذ يزج بعضا منهم إلى القوارب، فقد كانوا مدركين

تماما للكارثة التي تنتظرهم، كما اضطر البحارة أمام رفض بعض الركاب إلى إنزال بعض قوارب النجاة إلى المياه وهي غير ممتلئة عن آخرها، فلم يكن هناك أي وقت للتأخير والمماطلة.وكان ركاب الدرجة الثالثة من الفقراء هم آخر من وصل إلى قوارب النجاة حيث يقيمون بالحجرات السفلى من السفينة، بل أن بعضهم ظل منتظرا بأسفل السفينة لا يدري ماذا يفعل، على رغم علمهم بوجود محنة على ظهر سفينتهم

بريق الأمل

في نفس الوقت بدأ عامل اللاسلكي بالسفينة يرسل نداءات متكررة للإغاثة، وان كانت بعض السفن قد التقطت هذه النداءات إلا أنها كانت لا تزال بعيدة جدا عن السفينة تيتانك، فكانت كل هذه النداءات دون أي جدوى، ولكن ظهر للسفينة تيتانك أمل جديد، فعلى بعد عشرة أميال فقط كانت هناك سفينة أخرى هي السفينة كاليفورنيان، والتي كان من الممكن أن تصل إلى السفينة المنكوبة في دقائق وتقوم بإنقاذ ركابها من الكارثة التي تهددهم، ولكن لسوء الحظ لم يصل للسفينة كاليفورنيان أي نداء للإغاثة من النداءات المتكررة التي ظلت ترسل بها السفينة تيتانك، ففي هذا الوقت المتأخر من الليل قام عامل اللاسلكي بالسفينة كاليفورنيان بإغلاق جهاز الاتصال..

وبعد عدة محاولات يائسة قام ضباط السفينة تيتانك بمحاولة أخرى لشد انتباه السفينة كاليفورنيان إلى سفينتهم المنكوبة، فقاموا بإطلاق عدة صواريخ نارية في السماء وانطلقت معها الهتافات والنداءات المتكررة ولكن على الرغم من ذلك لم تتخذ السفينة كاليفورنيان أي موقف تجاه هذه الإشارات الضوئية، فلم يتبادر إلى ذهن طاقمها أن السفينة تيتانك في خطر وأنها ترسل هذه الإشارات طلبا للنجدة!، وبالتالي سارت السفينة كاليفورنيان في طريقها غير عابئة بهذه الإشارات، وأخذت تبعد تدريجيا عن السفينة تيتانك، ويبتعد معها آخر أمل في إنقاذ السفينة تيتانك.

موسيقى المرح على ظهر السفينة المنكوبة

أما على ظهر السفينة تيتانك، فراحت فرقة الموسيقى المصاحبة للرحلة، تعزف موسيقى المرح والسعادة أثناء إنزال قوارب النجاة من السفينة إلى المحيط! وان كانت هذه الموسيقى قد ظلت لفترة من الوقت ملائمة تماما للجو النفسي لركاب السفينة الساخرين واللاهين، إلا أنها صارت بعد ذلك غير ملائمة لحالة الخوف والقلق التي بدأت تنتاب معظم الركاب مع إنزال أقدامهم على ظهر السفينة، التي بدأت مؤخرتها في الانخفاض تدريجيا إلى سطح المياه.

شبح الموت

واستمر الحال كما هو عليه بظهر السفينة، الموسيقى تعزف، والسفينة تنخفض تدريجيا والخوف يزداد ويزداد مع اقتراب ظهر السفينة من سطح المياه، والذي لا يزال يحمل مئات الركاب والذين لم يتم بعد إخلائهم منها، فبدأ شبح الموت يخيم على وجوه الجميع، فقد اصبح حقيقة واقعة خاصة بعد نفاد معظم قوارب النجاة، فلم يبق منها غير قاربين فإما الموت غرقا مع السفينة وإما القفز إلى المياه الجليدية الكفيلة بإحداث صدمة عصبية مميتة بمجرد النزول إليها.

وأمام شبح الموت الذي خيم على السفينة بأكملها برزت بعض المواقف الإنسانية الجميلة التي عبرت عن الوفاء في أسمى صوره ولكن كان هناك أيضا بعض المواقف الغريبة والمثيرة للدهشة.فمن ضمن هذه المواقف الإنسانية الجميلة التي برزت أمام شبح الموت، هو تشبث بعض الزوجات بأزواجهن ورفضهم مغادرة السفينة عند مجيء دورهن في الانتقال إلى قوارب النجاة.وكان أروع مثل شهدته السفينة لهذا الوفاء العظيم، هو ما عبرت عنه مسز ايدا ستروس زوجة الثري الكبير ايزدور ستروس، والتي عادت مرة أخرى إلى ظهر السفينة بعد دخولها إلى قارب النجاة، لتحضن زوجها وهي تبكي قائلة: لقد عشنا معا سنوات طويلة لا يمكن أن ارحل من دونك، سوف امضي حيث تمضي.. وذهب الاثنان معا ليجلسا

في ركن هادئ بعيد وأخذا يرقبان ما يجري حولهما في انتظار القرار الأخير لنهاية مصيرهما المشترك.

السيجار أهم

كانت هناك صورة أخرى غريبة وشاذة، ففي الحجرة الخاصة بالتدخين بالدرجة الأولى جلس ميجور اركيبولد بوت وثلاثة آخرون يدخنون السيجار ويتجاذبون أطراف الحديث غير مكترثين تماما بما يجري حولهم، على الرغم من أن السفينة في ذلك الوقت قد انخفضت بدرجة كبيرة إلى سطح المياه.

سأموت جنتلمان

كذلك كان للمليونير بنجامين جاجنيهيم الذي اشتهر بأناقته، موقف في غاية الغرابة أثناء هذه اللحظات الحرجة التي بدأت فيها السفينة تنغمس بوضوح في مياه المحيط، إذ قام المليونير إلى حجرته وبدل سترة النجاة التي كان يرتديها بأخرى أنيقة خاصة بالحفلات الرسمية، وعندما أنهى زينته وأناقته على اكمل وجه،توجه إلى ظهر السفينة ليعلن أمام الجميع قائلا:(مادام الهلاك لا مفر منه، سأموت جنتلمان كما عشت جنتلمان.

وبمرور الوقت، تم امتلاء كل قوارب النجاة وإنزالها إلى المياه من على ظهر السفينة تيتانك ولم يدر المئات من المسافرين والذين مازالوا على ظهر السفينة ماذا يفعلون؟ فلجئوا جميعا في فزع وخوف إلى مقدمة السفينة المرتفعة في الهواء عـن سطح المـاء، بعد أن غاصت مؤخرتها تماما في المياه.وما كان أقساها من فترة مؤلمة للجميع، فلـم يبـق أمـامهم إلا دقـائق وتغوص بهـم السـفينة بأكملها في مياه المحيط

وأمام هذا الفزع الرهيب اضطر بعض الركاب إلى الوثب في المياه الجليدية لعلهـم يلحقـون بقوارب النجاة، ومن المؤسف أن معظمهم قد مات، ولم ينج منهم إلا القليل والـذين اسـتطاعوا أن يصلوا إلى قوارب النجاة والتي أخذت تبحر بعيدا عن السفينة.

في ذلك الوقت ذهب الكابتن سميث إلى حجرة اللاسلكي, أخرج "فيليبس وبرايد" وأخبرهما أنهما أديا واجبهما, وفي طريقه إلى برج القيادة خاطب بكل احترام بعض أفراد الطاقم قائلاً: "حسناً أيها الرجال, لقد فعلت ما بوسعي من أجلكم. الآن الأمر بيدكم, فافعلوا ما بوسعكم لتنقذوا أنفسكم" ثم اتجه إلى برج القيادة حيث بقي فيه إلى أن غرق معه.

www.cools4u.com

التايتانك وهي تغرق

وفاة آخر ناجية من "تايتانيك"

الثلاثاء, 02-يونيو-2009/المؤتمرنت -وفاة آخر ناجية من "تايتانيك"

توفيت الأحد ميلفينا دين، البريطانية التي يعتقد أنها آخر ناجية من حادثة غرق السفينة "تايتانيك" في 1912، عن عمر يناهز الـ97 عاماً.وكانت دين طفلة رضيعة، على متن أكبر سفينة ركاب، حينئذ، في أول رحلة لها من مدينة ساوثهامتون، بجنوب إنجلترا، إلى نيويورك.

انتحار الروائي المجري
ارثر كوستلر

طريقة الانتحار: الحبوب المنومة

تاريخ الانتحار: 1983

سبب الانتحار: الاكتئاب الحاد بسبب اليأس من الشفاء من السرطان والرعاش

ولد كوستلر في بودابست، بالمجر. وعمل مراسلاً للصحف الألمانية. ولما كان معاديًا للنازية فقد ترك ألمانيا عام 1933م. وفي عام 1937م، سجن كوستلر على يد قوات فرانسيسكو فرانكو أثناء الحرب الأهلية الأسبانية. وفي عام 1940م، سجنه الألمان في فرنسا. وقد عمل متطوعًا في الجيش الفرنسي والجيش البريطاني أثناء

الحرب العالمية الثانية. ثم استقر به المقام في لندن وأصبح مواطنًا بريطانيًا.. تعكس حياته وأعماله الاضطرابات السياسية التي اتسمت بها سنوات القرن العشرين. وكان كوستلر شيوعيًا في الفترة من عام 1931م إلى 1937م. ومن أنجح رواياته السياسية ظلام في الظهيرة ومن اعماله:

1. (1941م)؛ الوصول والرحيل (1943م)، وهما تعبران عن رفضه للحكم المطلق وللشيوعية. ومن رواياته السياسية الأخرى وصية أسبانية و(1937م)؛ لصوص في الليل
2. (1946م). أما رواياته الرمح الأزرق(1952م)؛ والكتابة الخفية (1954م)، فهما سيرتان ذاتيتان.
3. اعتراف في لحظة تاريخية نادرة كتب في عام 1974
4. "القبيلة الثالثة عشر"...!!

وضعت الحبوب المنومة حدا لحياة الأديب وزوجته التي كانت في ريعان الصبا (سينثيا).حيث كان كل شيء كما هو معهود دائماً، كما في كل مساء: الرجل والمرأة جالسان على كرسيهما، الستائر مسدلة والمصباح العمودي مضاء والمنضدة مغطاة بشرشف ابيض ناصع البياض. وفي صباح اليوم التالي وجد الاديب (آرثر كوستلر) وزوجته (سينثيا) ميتين. لقد عمدا معاً الى تجرع السم بمحض ارادتيهما. حدث ذلك في الثالث من اذار سنة 1983. ومن شق الآلة الكاتبة تدلت ورقة تحوي ملاحظات مكتوبة للخادمة لاستدعاء الشرطة..أما الكاتب فكان طاعنا في السن ومريضا دون أمل بالشفاء حيث عانى من مرض الرعاش (باركينسون)..، ومن سرطان الدم (لوكيميا) ومن تأتأة الحديث، والهلوسة.أما (سينتيا) فكانت في ريعان الصبا كما ذكرنا، تناولت حبوبا منومةعندما بدأ زوجها يفارق الوعي، وفي ذلك رد على اتهامات الصحافة من أن الكاتب الشيخ قد أجبر زوجته على الانتحار معه.

ارثر وسينتيا

وقد ترك الكاتب وصيةً كتبت قبل وفاته بشهورٍ تسعة تدل على معايشته لحالة روحانية خاصة حيث كتب فيها: (أريد أن يعلم أصدقائي أنني أتركهم في سلام ودعة، ليس بدون أمل ضئيل بحياة أخرى بعد الموت..حياة أخرى دون حدود للزمان والمكان والمادة خارج أطر مفاهيمنا..هذا الشعور الذي لا ساحل له هو ما حافظ على تماسكي في اللحظات العسيرة كما يحافظ على تماسكي الآن عند كتابة هذه السطور).

هل انتحر كوستلر ام نحره اليهودكما فعلوا مع اللورد" موين وغيره"؟!وهل كان كتابه"القبيلة الثالثة عشر"...!! سبب مصرعه؟!

لقد اثبت كوستلر- وهو اليهودي- وبالادلة القاطعة بطلان اكذوبة الحق التاريخي لليهود في فلسطين وقدم جميع الوثائق التي تؤكد ما ذهب إليه بصدد الخزريين الذين تهوّدوا في القرن الثامن الميلادي، وبالطبع لو كانت ثمة عدالة دولية

فسوف يرغم الإسرائيليون على إعادة فلسطين لأصحابها، لكن ما حدث هو أن آرثر كوستلر وجد ميتاً مع زوجته عام 1976!

لقد تتبع الكاتب اليهودي آرثر كوستلر في كتابه المسمى "القبيلة الثالثة عشرة" أصول يهود أوربا الشرقية، ممن يدعون "اشكنازيم" وهم معظم اليهود، فأرجعها إلى شعب الخزر"اوكرانيا" الذين تهودوا ولايمتون بأي صلة لليهود القدماء، وأما اليهود قليلو العدد الذين عاشوا في فلسطين إبان الحكم العثماني فقد انحدروا عن اليهود السفارديم المقيمين في إسبانيا 1492 و معظم اليهود الذي عاشوا في الأقطار العربية فأصولهم تعود إما إلى العرب، او إلى بربر شمال إفريقيا الذين تهودوا وبذلك لا يمكن أن ينتمي أي جنس من أجناس يهود اليوم إلى التوراتيين.

وأكد كوستلر أن يهود العالم اليوم في غالبيتهم الساحقة ينحدرون من الشعب المغولي- شعب الخزر- خاصة وأنَ اليهود الأصليين الذين ينتمون إلى القبائل الإسرائيلية "الاثنتي عشرة" في التاريخ القديم قد ضاعت آثارهم، وبالتالي فإن الغالبية العظمى من اليهود المعاصرين ليسوا من أصل فلسطيني وإنما من أصل قوقازي، قائلا:" وقد اعترف ملك الخزر في رسالته إلى الحاخام حسداي بن شبروط أنه وكل شعبه قد اعتنقوا اليهودية، وأنهم ليسوا من أصول سامية، إنما يرجعون إلى توجرمة حفيد يافث الابن الثالث لنوح عليه السلام وهو الجد الأعلى لكل القبائل التركية".

وهناك ما يشبه الإجماع بين علماء الأنثروبولوجيا على أن يهود عصر التوراة هم مجموعة سامية من سلالة البحر المتوسط المعروفة بصفاتها المميزة من سمرة الشعر وتوسط القامة وطول إلى توسط في الرأس، وأنه عند مقارنة هذه الصفات بيهود اليوم المعاصرين فإنه لايوجد مجتمعا يهودياً واحداً يتمتع بهذه الصفات.

وكان اللورد موين الـوزير المفوض البريطاني قـد اكـد في 6 يونيـو 1944 وخـلال كلمـة أمـام مجلس اللوردات البريطاني، أن اليهود الحاليين لم يكونوا أحفـاد بنـي إسرائيل القدمـاء، وليس لهـم شرعاً أن يستردوا الأرض المقدسة أرض فلسطين، وفي 9 نوفمبر من نفس السنة قتل على يد اثنين مـن عصابة شتيرن اليهودية عندما كان في زيارة للقاهرة.

وكان كوستلرالذي زعموا أنه انتحر وزوجته، تحسّب لذلك فكتب يقول: أنـا أعـي الخطـر المتمثل في أن كتابي قد يفهم بخبث، باعتباره إنكاراً لحق دولة إسرائيل في الوجود، لكن هذا الحق لا يستند إلى الأصول المحتملة للشعب اليهودي ولا إلى الميثاق الأسطوري بين إبراهيم ويهوه، بـل إلى القانون الدولي، أي إلى قرار الأمم المتحدة عام 1947، فأياً كانت الأصول العرقيـة للإسرائيليـين، وأيـا كانت أوهامهم عنها، فإن دولتهم قائمة فعلاً وقانوناً، ولا يمكن أن يؤثر (موضوع الأصول) في حقهـا بالبقاء، ولا في الالتزام الأدبي لأي شخص متحضّرـ (لاحظوا: متحضّرـ!) يهودياً كـان أو غـير يهـودي بالدفاع عن هذا الحق!

غير أن مثل هذه التبريرات للذنب العظيم ربما لم تشفع لكوستلر مـن القتـل، وهو الـذي نفى بالوقائع المادية الأساس الخرافي الذي شاده الإنكليز للدولة الإسرائيلية، فقرارات الأمم المتحـدة عام 1947 ليست كافية، من دون الخرافات والأساطير، لتبرير إفناء عشرة ملايين فلسطيني يؤكدون كل يوم حقهم الذي لا يتزعزع في استرداد وطنهم، ويجعلون المشروع الصهيوني بعد عشرات السنـين من قيامه، وعلى الرغم من الخرافات والأساطير القديمة والقوانين الدولية الحديثة، عرضـة للانكفـاء والانهيار في أول ظرف دولي مستجد مناسب!

لقد كان على آرثر كوستلر، كي يتجنب القتل هـو وزوجتـه، أن ينحـو منحـى زميلـه الأمـيركي كولن شابمان، صاحب كتاب (لمن الأرض المقدسة، للفلسطينيين أم للإسرائيليين؟) فقـد كتـب شـابمان يقول مخاطباً الفلسطينيين: إن حظكم تعيس! صحيح أنه من الممكن تفهّم معاناتكم، بسبب بعـض مظاهر الظلم، ولكن على العموم فإن جميع ما يحـدث أنـتم سـببه، لأنكـم تناهضـون اليهـود منـذ اللحظة التي ظهر فيه مخطط الرب لنقل اليهود إلى أرضهم. لقد صار رجـاؤكم الوحيـد هـو القبـول بالسيادة اليهودية.

او كان عليه ان يحذو حذو الدبلوماسي البريطاني جيمس نيل الـذي فسّر إرادة الـرب، عـام 1877، بطريقة أخرى ونجا من القتـل، حيـث كتـب: إن احـتمال أن يـتمكن الإنكليـز مـن اسـتيطان فلسطين بالنجاح نفسـه الـذي اسـتوطنوا بـه في أميركـا الشـمالية بعيـد جـداً، بسـبب حـرارة الجـوّ، والصعوبات التي يقيمها العرب، وافتقاد الحماية الفعالة، وكثير غير ذلك! لقد اقـترح نيـل اسـتخدام اليهود لتحقيق هذا الغرض بدلاً من الإنكليز، فكانت هذه القاعـدة الاسـتعمارية الاسـتيطانية التـي أريد لها أن تكون قلعة من قلاع الدفاع عن نظام عبودي عالمي يفتقر تماماً إلى الإحساس بالعدالة!

انتحار دكتور الرياضيات
إسماعيل أدهم

طريقة الانتحار: الغرق

تاريخ الانتحار: 1940/7/23

سبب الانتحار: اليأس من الشفاء من مرض السل

- ولد إسماعيل أحمد أدهـم في في الإسكندرية في 17 شباط 1911 لأب تـركي وأمّ ألمانيـة. وكان رأس الأسرة إبراهيم أدهم باشا مـن الأعيـان فاختاره محمـد علـى باشا محافظاً للقاهرة ووزيراً للمعارف والحربية.

- كان أبوه ضابطا في الجيش التّركيّ، وجدّه معلّما للتركيّة في جامعة برلين...

- في الإسكندرية التحق إسماعيل بالمدارس الابتدائية والثانوية، ولكنـه اعتمـد بعد ذلك على نفسه في التثقيف الذاتي، فأجاد اللغة الإنجليزية إلى

جانب التركية والألمانية، وهما لغة التخاطب مع أبيه وأمّه في المنزل. وشغف بالقراءة في مجالات الأدب والتاريخ والرياضيات، ويشهد شقيقه إبراهيم أدهم بأنه " كان يجلس إلى المائدة لتناول الطعام والكتاب بين يديه، وينام والكتاب معه، ويقرأ وهو يسير في الطريق، وكان يردد دائماً عبارة " اجعل الكتاب صديقك " ولم يكن الناس يرونه إلا وتحت إبطه رزمة من الكتب والصحف.

- احرز الدكتوراه في العلوم من جامعة موسكو سنة 1931م، وعُيِّنَ مدرسًا للرياضيات في جامعة سان بطرسبرج، وانتخب عضوا أجنبيّا في أكاديميّة العلوم السّوفيتية (..) وانتخب وكيلا للمعهد الروسيّ للدّراسات الإسلاميّة ثم انتقل إلى تركيا فكان مدرسًا للرياضيات في معهد أتاتورك بأنقرة، وبها نشر كتابه "إسلام تاريخي" بالتّركيّة. وعاد إلى مصر سنة 1936م فنشر رسالة بالعربيّة "من مصادر التّاريخ الإسلاميّ" صادرتها الحكومة، و"الزّهاوي الشّاعر" وكتابا في الإلحاد. وكتب في مجلات مصر والشّام مقالات بالعربيّة (...) وكان يعيش من ريع ملك صغير له في الإسكندريّة.

من مؤلفاته" عدا ما ورد في السياق المتقدم فهي:

1. دراسة عن "أبو شادي" باللغة العربية وأُخرى باللغة الإنجليزية عنوانها " إضاءة الدرب " Blazing The Trail وقد شكك النقاد في نسبة هذه الدراسة الإنجليزية إلى أدهم وقالوا إن " أبو شادي " هو مؤلفها.
2. دراسة عن " إسماعيل مظهر المفكر المصري ".
3. دراسة عن طه حسين نشرت مجلة " الحديث " الحلبية في نيسان 1938.
4. دراسة عن " توفيق الحكيم الفنان الحائر "
5. دراسة عن الأديب المهجري ميخائيل نعيمة. -

6. دراسة عن عبد الحق حامد شاعر تركيا الأعظم.
7. دراسة بعنوان " خليل مطران شاعر العربية الإبداعي

- وجدت جثّة إسماعيل أدهم يوم 23 يوليو 1940، وعثر البوليس في معطفه على رسالة منه إلى رئيس النيابة يخبره بأنه انتحر زهدا في الحياة وكراهية لها، وأنه يوصي بإحراق جثّته وبعدم دفنه في مقابر المسلمين.

انتحار الروائي المشهور
"ارنست همنجواي"

طريقة الانتحار: الرصاص" بندقية الصيد"

تاريخ الانتحار: 2 / 7 / 1961

سبب الانتحار: الاكتئاب

انه صاحب الرواية التي جاء في مطلعها: «ذات يوم كان هناك رجـل عجـوز وحيـد في قاربـه يصيد السمك في خليج ستريم. وعلى مدى اربعة وثمانين يوماً لم يفلح بصيد سمكة واحدة». انها رواية «العجوز والبحر» التي كانت احدى روائعه الى جانب «وداعاً للسـلاح» و«ثلـوج كلمنجـارو» وغيرها.

هذا الكاتب يعرفه الجميع بـ «بابا همنجـواي». لكنـه ايضاً هـو الجنـدي الـذي سـاهم بـ «تحرير» فندق «ريتز» من النازيين وبندقيته بكتفه كي يحتسي بعدها كأساً مـن «المـارتيني». لكنـه بكل الاحوال يبقى ذلك الكاتب الذي أمضى سنوات طويلة من حياتـه وهـو يطبـع بأصبـع واحـدة، كتبه على «الآلة الكاتبة» القديمة التي لم تفارقه،

خاصة في كوبا التي أمضى فيها اوقاتاً طويلة. «همنجواي» من مواليد «شيكاغو» كان والده طبيباً وامه موسيقية وقاسية الطباع بالوقت نفسه.

منذ سنوات دراسته الابتدائية لاحظت معلمته مواهبه في الكتابة. وهكذا انخرط عند بلوغه سن السابعة عشرة في العمل الصحفي. ساهم بعد عام فقط في الحرب العالمية الاولى كـ «عنصر اسعاف» لان نظره لم يسمح له بأكثر من ذلك لكنه جُرح في الحرب بعد ان نجا من الموت.. وكانت تجربة الحرب والجرح والمستشفى بمثابة «خميرة» روايته الاولى «وداعاً للسلاح». التي نشرها عام 1929. وكان قد أصدر قبل ذلك كتابين هما «ثلاث قصص وعشرة اشعار» و«من ايامنا»، بالاضافة الى روايته «الحقيقية» الاولى «لاتزال الشمس تشرق»، وهي الرواية التي بدأت شهرته معها..

وقد كان عام 1929 حاسماً في حياة همنجواي اذ نشر فيه روايته الشهيرة «وداعاً للسلاح» وانتحر والده وطلّق زوجته الاولى وتزوج امرأة اخرى. لكن الحياة استمرت والكتابة كذلك، وفي عام 1935 قام بزيارة لافريقيا هذه المرة حيث مكث ثلاثة اشهر خرج بعدها بكتابه في وصف القارة السوداء واسفار «كينيا» وسط الغابات العذراء، انه كتاب «هضاب افريقيا الخضراء». ثم وفي عام 1938 وبالاعتماد على تجربة الحرب الاسبانية كتب همنجواي عمله المسرحي الوحيد «الطابور الخامس» ثم احدى روائعه ايضا «لمن تقرع الاجراس» التي صدرت عام 1940. تبدأ هذه الرواية بجملة شهيرة تقول: «ليس هناك اي انسان يشكل جزيرة كاملة وحده، وكل انسان هو قطعة من قارة جزء من كل.. ثم ان فقدان اي انسان يزيد من ضآلتي ذلك لانني اتضامن مع الجنس البشري كله. لذلك لا تسأل ابداً: لمن تقرع الاجراس؟ انها تقرع من اجلك».

عند نهاية الحرب العالمية الثانية كان ارنست همنجواي مراسلاً حربياً في باريس. ويروى انه ساهم ساهموا بتحريره فندق «ريتز» الشهير برفقة «عصابة»

من رفاقه المسلحين. وأقام فيه همنجواي بعدها لفترة طويلة. لكن شهرة همنجواي بلغت ذروتها مع رواية «العجوز والبحر» عام 1952 والتي كان قد ثم نشرها على حلقات في مجلة «لايف ماجازين» التي تطبع حوالى خمسة ملايين نسخة انذاك والتي كان القرّاء يتسابقون للحصول عليها من اجل متابعة قصة «العجوز والبحر». وقد حصل همنجواي على جائزة «بوليتزر» للرواية عام 1953 من اجل هذا العمل ثم نال من اجل اعماله كلها جائزة نوبل للآداب عام 1954.

عانى هيمنجواي في السنتين الأخيرتين من حياته من تدهور جسدي وعقلي بسبب الإحباط والاكتئاب النفسيـ فعندما قامت الثورة الكوبية بقيادة كاسترو وجيفارا، عام 1956، وتوترت العلاقات الأمريكية من جهة، والكوبية الروسية من جهة اخرى، فصار من المتعذر على هيمنجواي الإقامة خارج بلاده، ولكن علاقته مع زوجته ماري كانت متفاقمة، فغادر كوبا عام 1958 بشكل نهائي الى ولاية ايداهو بمدينة كيتشوم في شمال الولايات المتحدة الأمريكية، وأستأجر بيتا ليخرج من أزماته، ولكنه شعر هناك بعزلة شديدة، وعدم قدرة على التصرف، فاكتأب واستقر في (كيتشام) يعالج بمستشفى (مايوكلينيك)، حيث عولج بالصدمات الكهربائية حتى ضعفت ذاكرته، وصار لا يستطيع القراءة ولا الكتابة. وأصيب بارتفاع ضغط الدم وضعف الذاكرة وانخفاض الوزن، وقد حاول الانتحار أكثر من مرة وكانت المفاجأة في عام 1961 حين أخبره الطبيب بأنه مُصاب بالسرطان وفي الثاني من يوليو سنة 1961، في بيته بكتشوم أطلق الرصاص على نفسه من بندقية الصيد.

وفي وصيته خصص منزل مزرعة فيخيا للشعب الكوبي ليحولونه إلى متحف يضم كتبه وأثاثه ولوحاته وأدوات صيده البحري وآلة كتابته وسريره ويخته بيلار، وطلب ألا يتم لمس شيء وان يبقى المكان ليزوره الكوبيون عندما يحلو لهم، حيث أعلن نفسه في يناير 1959 بشكل جماهيري، على أنه نصير للثورة الكوبية.

ولكن كيف انتحر؟ في يوم الأحد (2) يوليو من عام 1961 استيقظ ارنست همنغواي قبل زوجته «ماري». ثم أمسك ببندقية الصيد التي كان يمتلكها ووجهها نحو رأسه وضغط على الزناد بعد أن وضع فيها رصاصتين، وهكذا أدت إلى تدمير رأسه.وعندما سمعت زوجته بالفرقعة استيقظت مذعورة فاستنجدت بالجيران لكي يساعدوها على مواجهة الوضع والبعض يقول بأن همنغواي دمر دماغه بعد أن استهلكه في الكتابة ولم يعد يفيده في شيء فقد تعطل عن الكتابة والإبداع وهذه حالة لم يستطع همنغواي أن يتحملها، وبالتالي فلم يعد هناك أي مبرر للاستمرار في العيش.

من الملاحظ ان لأسرة همنجواي تاريخ طويل مع الإنتحار. حيث إنتحر والده(كلارنس همنغواي) أيضاً، كذلك أختيه غير الشقيقتين أورسولا وليستر، ثم حفيدته مارغاوك همنغواي. ويعتقد البعض وجود مرض وراثي في عائلته يسبب زيادة تركيز الحديد في الدم مما يؤدى إلى تلف البنكرياس ويسبب الاكتئاب او عدم الاستقرار في المخ. ما دفعه للانتحار في النهايه خوفاً من الجنون.

من اشهر اعماله:

1. ثم تشرق الشمس 1926
2. وداعا للسلاح 1929
3. الذين يملكون والذين لايملكون 1937
4. لمن تقرع الاجراس 1940
5. عبر النهر وخلال الاشجار 1950
6. العجوز والبحر 1950

انتحار"الشاعر الالماني
جورج تراكل

طريقة الانتحار: ابتلاع كمية كبيرة من الكوكايين.

تاريخ الانتحار: 3 /11/ 1914.

سبب الانتحار: انهيار عصبي

ولد الشاعر الألماني جورج تراكل سنة 1887 بسالزبورج وفي سنة 1897 دخل الثانوية وفي سنة 1904 أخذ يلتهم أعمال نيتشه وديستوفسيكي وهولدرلين وبودلير ورامبو. ثم ذهب للعمل في مجـال الصيدلة.وهذا أفاده كثيرا في نسج ابداعه

خصوصا المسرحي منه فقد اصدر عملين مسرحيين ثم بعد ذلك نشر عمله الهام "أرض الأحلام ".

عاش الحياة البوهيمية، إذ كان يتردد على المقاهي ومحلات الخمر وبيوت الدعارة وتناوله المخدرات خصوصا " الأفيون " ثم استنشاقه للكلوروفورم. لقد كانت أحاديثه حول رغبته في " الانتحار " جعلت منه داخل الحلقات الشعرية شخصية غريبة ونادرة وبالتالي منعزلة على نفسها. وبعد موت والده الذي أثر فيه كثيرا - وجد نفسه صيدليا تابعا للجيوش الألماني ومع إندلاع الحرب التحق بساحة المعارك ضمن الفرقة الطبية. لكنه سرعان ما تدهورت صحته ومات إثر صدمة قلبية أحدثها ابتلاعه لكمية كبيرة من الكوكايين.

مات جورج تراكل وهو لم يبلغ من العمر سوى 27 عاما مخلفا ورعاه رغم ذلك تجربة ثرية غنية وحساسية جديدة تضعه في مصاف الشعراء العظام.وقد كرمته الدولة بوضع صورته على طوابع الدولة البريدية.

يعتبر تراكل، رغم الحياة القصيرة التي عاشها، واحد من أبرز شعراء النمسا بل العالم، الذين كانوا يمثلون المدرسة التعبيرية، وقال الفيلسوف الألماني مارتين هايديغير: " أنه عندما قرأ قصيدة " أليس " (Elis)، ذكرته بقصيدة " المغني الأعمى" لهولدرين) والمقصود قيمتها الفنية.

أشعاره تغلب عليها مسحة الحزن والكآبة، ففي أغلب قصائده نصادف الألوان الداكنة والقاتمة، من الغروب الى الغسق الى الظلام الى الموت. وهذا انعكاس واضح لمحيطه الاجتماعي الواقف على حافة دمار الحرب التي دمرت ألمانيا وأوروبامعها ربما هذا المشهد الجنائزي هو الذي عجل بموت تراكل مبكرا.

انتحار"القائد النازي"وزير الاعلام الهتلري

جوزيف جوبلز

طريقة الانتحار: السم والرصاص

تاريخ الانتحار 30 / 4 / 1945

سبب الانتحار: الهزيمة امام الحلفاء

كان "جوزيف جوبلز" أبرز رجل إعلام في الحزب النازي الألماني وأحد القادة المثقفين القلائل في قيادة الحزب، بعد أن انخرط في الحزب النازي عام 1924 أصبح العقل المدبر وراء حملات الحزب الانتخابية، وعين "جوبلز" وزيرًا للإعلام والدعاية السياسية عام 1933.

كان "جوبلز" يركز في حملاته الإعلانية على التهديد الذي تمثله البلشفية والمعارضون، ولأنه كان خطيبًا مفوهًا ومتحدثًا بارعًا فقد حقق سيطرة مطلقة على الثقافة الألمانية.

في عام 1933شجع "جوبلز" على إنتاج أجهزة الراديو الرخيصة بالملايين وبهذا ضمن أن يصل صوت الحزب مباشرة إلى جميع الألمان، وفي عام 35 أقام أول محطة بث تلفزيوني منتظم في العام، وقد لعبت وزارت "جوبلز" دورًا أساسيًا في حشد الشعب الألماني وتعبئته للحرب، وتجنيد جميع الموارد البشرية والمادية للبلاد.

اكتسب "جوبلز" سلطات واسعة بتعيينه مسئولاً عن شئون الحرب، وللمرة الأولى كان على الشعب الألماني أن يوضع بكامله في خدمة المجهود الحربي، فقد جندت النساء وتم زيادة ساعات العمل إلى ستين ساعة أسبوعيًا، وجند الرجال في قوات الحرس الوطني الألماني.

لقد لعب "جوبلز" أيضًا دورًا هامًا في الحفاظ على مكانة "أدولف هتلر" كزعيم لألمانيا، ففي الفترة التي أعقبت محاولة اغتيال "هتلر" عام 44 تصرف "جوبلز" بطريقة حازمة من أجل استعادة سلطة "هتلر" في برلين؛ حيث كان يصدر أوامر عسكرية باسمه.

في السنة الأخيرة من الحرب أخذ "جوبلز" على عاتقه بأن يقوم بزيارة الأماكن التي تدمر من جراء غارات الحلفاء، وهي مهمة رفض "هتلر" نفسه القيام بها.

وفي بدايات عام 45 وبينما كانت البلاد تواجه الهزيمة والموارد في تناقص شديد أمر "جوبلز" بإعداد الفيلم الكبير "كول بيرج" كلف المشروع تسعين مليون مارك ألماني، وتطلب تعطيل آلاف الجنود لاستخدامهم في الفيلم الذي كان موضوعه "الانتصار البروسي على نابليون" وكان المراد منه رفع الروح المعنوية للألمان.وبينما كان الجيش السوفيتي يخترق برلين ذهب "جوبلز" وعائلته إلى ملجئ "هتلر" وبعد انتحار

الزعيم قام "جوبلز" بتسميم أطفاله الستة وطلب أن يطلق النار عليه وعلى زوجته، وأغرقت جثثهم بالوقود وأحرقت.

عائلة جوبلز التي شاركته الانتحار

ومن يوميات جوبلز التي نشرت في كتاب بعد موته:

- في هذه اليوميات تتضح رؤية جوبلز لكل شيء، رؤيته لنفسه ولهتلر ولحلفائه وأعدائه ولمستقبله وأحلامه، فقد كان واحد من الذين قالوا "لا " لهتلر في البداية، ثم تحول ليصبح أحد عبيده المخلصين؛ فجوبلز هو أفضل من يقوم بهذا الدور، فقد قاد الهجوم النازي على العالم بمفرده.
- شخص متميز ومعتز بموهبته بغض النظر عن آراء الآخرين، فحينما نشرت الصحف الإنجليزية تصفه بأنه الرجل الأخطر في العصابة النازية كتب في يومياته يقول بأنه "فخور بمثل هذا المديح".فالغرور صفة ملازمة لجوبلز، تظهرها يومياته بلا خجل، فهو يبدي سعادته بأنه الخبير الأول في التضليل الإعلامي ويتفاخر بأنه قادر على تعبئة الجمهور وتعزيز معنويات جيشه ويستشهد في قدرته على ذلك برأي هتلر فيه، فقد كتب في إحدى يومياته "كان الفوهرر هتلر يقبل بكل ما كنت أقترح عليه دون أي صعوبة".

- يكمل في يومية أخرى، فيقول: "أنا سعيد جدا بثقة هتلر الكاملة بي، وإنني أتمنى أن أساعده في جميع همومه الكبرى"، ويتفاخر في يومية أخرى بأن هتلر كان دائما ما يبدي سعادته واطمئنانه بوجود جوبلز بجواره.
- كان يؤكد أنه كلما كبرت الكذبة كان سهل تصديقها، كان يعشق هتلر بجنون لدرجة أنه كتب في احد يومياته تعلقا على المحاولة الفاشلة لاغتيال هتلر يقول: "لقد انتابني إحساس إنني أمام رجل يعمل تحت حماية الآلهة".
- وفى يومية أخرى، كان يقول: "خوفي الوحيد من هذه الحرب هو أن يحصل أي مكروه للفوهرر"، هكذا كان جوبلز يرى هتلر لدرجة أن يده لم ترتعش وهو يقدم حبوب السيانيد السامة لأطفاله وزوجته؛ لأن هتلر أخبره بأن الانتحار أفضل من أن يعتقله الروس.
- جوبلز أظهر في يومياته رؤيته لليهود، حينما كتب في 14 مارس عام 1945 يقول: "هؤلاء اليهود ينبغي إبادتهم مثل الفئران عندما يمكن عمل ذلك"، وأضاف: "في ألمانيا، تخلصنا منهم وللإله لشكر".
- جوبلز أيضا يرى الإيطاليين جبناء رغم أنهم حلفاؤه، فهم في نظره "عصابة قليلة الشجاعة"، أما سياسة الإنجليز، من وجهة نظر أخلاقية تحتوي على قدر كبير من الخساسة".
- لعب جوبلز دوراً كبيراً للتخفيف عن هتلر، حينما حاول بصعوبة أن يزرع الأمل في قلب هتلر وفى قلب جيشه حينما كان يهاجم ستالينجراد، وأعلن مبادرته لإعادة تنظيم الوطن، ووضع مبدأ يعرف بـ (قيادة الحرب الشاملة)، الذي قام على أساسه بتوجيه كل جهود ألمانيا المدنية نحو الحرب.

انتحار الممثلة الامريكية
جين سيبيرغ

طريقة الانتحار: جرعة كبيرة من المخدرات

تاريخ الانتحار: 7 /9/ 1978

سبب الانتحار: الانهيار العصبي

أعلنت الشرطة الفرنسية في 7 أيلول 1978 العثور على جثة الممثلة الأميركية جين سيبيرغ في المقعد الخلفي لسيارتها، وكان قد مضى على إختفائها أحد عشر يوماً. و فور شيوع الخبر اتجهت أصابع الإتهام لأكثر من جهة لعبت دورا (مباشرا أو غير مباشر) في دفع الجميلة سيبيرغ، التي لم تكن تجاوزت الأربعين، إلى حتفها.بعضهم اتهم مكتب التحقيقات الفيدرالي إف.بي.آي. و البعض أدانَ نظام النجومية. قد يكون هناك أساس لكل الإتهامات السابقة، لكن الأكيد أن سيبيرغ كانت في السنوات الأخيرة (و منذ الظروف التي أحاطت بوفاة جنينها) تحارب

هواجسها الداخلية و قلقها النفسي و اضطراب حياتها الشخصية. سيبيرغ، و كما قال زوجها الثاني رومان غاري، كانت قد تجاوزت خط العودة إلى الحياة.

قبل هذه النهاية الحزينة بعشرين سنة كان دخول جين سيبيرغ إلى عالم السينما و الشهرة محفوفا بالآمال الكبيرة لفتاة جميلة و بسيطة من ولاية آيوا الغافية في الغرب الأوسط من أميركا.

عام 1957 كان المخرج أوتو برمنجر يقيم مسابقة لاختيار وجه شاب جديد لتلعب صاحبته الدور الأول في فيلمه القادم جان دارك. إستعرضَ المخرج، النمساوي الأصل، آلاف الوجوه و حظيت المسابقة بتغطية إعلامية كبيرة جعلت من المضمون لأي شابة يختارها المخرج دخولها الشهرة من بوابتها الواسعة. برمنجر وقع اختياره على جين سيبيرغ و كانت بالكاد في الثامنة عشرة من عمرها حينها. و لم يمضي عام حتى كانت سيبيرغ على برنامج مايك والاس الشهير: مقابلة. حيث قدمّها على أنها:... الفتاة التي تجسد الحلم الأميركي حيث النجاح و الشهرة الآتية على حين غرّة و معها المال و الفتنة.

جين سيبيرغ لعبت دور سيسيل وهي الفتاة المشرفة على دخول عالم البلوغ و الشديدة التعلق بوالدها إلى حدّ العلاقة الملتبسة. وحين تشعر سيسيل أن أباها على وشك الارتباط بسيدة من عمره، تحيك بمزيج من البراءة و الدهاء خطة لمنع تحقق الأمر لا تلبث أن تنتهي بفاجعة.

لكن الأخبار الجيدة جاءت لسيبيرغ من الضفة الأخرى للمحيط الأطلسي. ففي فرنسا أُحتفيَ بسيبيرغ على أنها وجه يعبر عن الجيل الجديد و عالم التغيير الذي لابدّ و أن يأتي. في باريس لاقت سيبيرغ ترحيباً من النقاد و الجمهور و الصحافة و حتى...دور الأزياء!

في عام 1959 أختارها الفرنسي الشاب الآتي من دفاتر السينما، جان لوك غودار، لتلعب دور شريكة جان بول بلمندو في المغامرة العبثية على آخر نفس أو

اللاهث. فيلم حوى كل عناصر السينما الجديدة في فرنسا و جعل من سيبيرغ (وبلموندو) أيقونة الشباب المتمرد حتى...العبث! رغم سنيه الخمسين، لا يزال على آخر نفس مفعماً بحيوية الشاب الذي صنعه حينها و حضور سيبيرغ الآخاذ. و بدا أن مجد السينما الذي راوغ سيبيرغ في أميركا قد أعاده إليها و على طبق من...شهرة، جان لوك غودار.

في العاصمة الفرنسية كان زواج سيبيرغ الأول الذي دام عامين و من ثمّ كان زواجها الثاني من الكاتب و المخرج و الديبلوماسي الفرنسي (الروسي الأصل) رومان غاري الذي ألتقته حين كان قنصلاً لبلده في لوس أنجلوس.

في أميركا، التي كانت سيبيرغ الآن تنتقل بينها و بين فرنسا ذهاباً و إياباً كان القلق من مواقفها السياسية قد بدأ يثير حنق جهات رسمية و منظمات يمينية داخل السلطة و خارجها. سيبيرغ و بمثالية أخلاقية كانت تقف ضد التمييز العنصري ضدّ السود في أميركا في زمنٍ كانت لا زالت فيه بعض الولايات في الجنوب لا تزال تعمل بقوانين الفصل العنصري في الأماكن العامة و فيما كان المناخ العام في البلاد لا يزال يقف و بشدّة ضد أي علاقة بين بيضاء و أسود أو العكس. حين سيبيرغ لم تكترث لحساب خطواتها فذهبت أبعد في تأييد منظمة الفهود السود التي كانت تنادي بالحقوق المدنية للسود و لم يكن البعض فيها يهاب اللجوء للعنف كوسيلة للنضال. من المال الوفير الذي كانت تجنيه من السينما، تبرعت سيبيرغ لـ الفهود السود بسخاء.

مكتب التحقيقات الفيدرالي، الذي كان يرئسه إدغار هوفر شخص أميركا القوي حينها و المرهوب الجانب، كان ينظر بقلق لنشاط سيبيرغ و زميلتيها جين فوندا وفانيسا ريدغريف في أعمال زعمَ أنها تعرض أمن أميركا الداخلي للخطر!.

في عام 1970 كانت سيبيرغ حامل في شهرها السابع حين وقّعَ هوفر أمرا بتحييد سيبيرغ و ذلك عن طريق تأليف قصة مفبركة تقول أن الجنين الذي تحمله

ليس من زوجها غاري و إنما من رجل أسود في منظمة الفهود السود. تمّ تسريب الخبر المفبرك إلى جويس هابر و هي صحافية تكتب عموداً للإشاعات عن المشاهير في جريدة لوس أنجلوس تايمز. و تمّ العمل على أن تبدأ صحف الإشاعات بحملة لتشويه سمعة سيبيرغ. حيث بلغت هذه الحملة مطبوعة أسبوعية قديرة كـ النيوزويك. فوجئت الممثلة، الهشّة الأعصاب أصلاً، بحجم الحملة ضدها و تفاقمت حالها من الإهتزاز النفسي و سرعان ما دخلت المشفى لولادة مبكرة. عاش المولود يومين و من ثمّ توفي. و سارعت صحف الإشاعات (بتحريض من الـ إف.بي.آي) لتدوال رواية أن المولود إنما كان أسوداً لذلك أخفتهُ سيبيرغ عن الصحافة. كانت تلك النقطة التي بدأت فيها جين سيبيرغ إنهيارها الذي قادها إلى الخروج من الحياة. ففي مؤتمر صحفي غريب الأجواء عرضت الممثلة الثكلى بوليدها جسده على الصحافيين. لقد كانت فتاة...بيضاء!٠

بعد هذه الحادثة دخلت جين سيبيرغ في مزاج سوداوي دفعها للانتحار غير مرّة، كما أدمنت الكحول و المهدئات. و كل ما فعلته على الصعيد المهني و الشخصي من يومها و حتى ليلة انتحارها لم يكن إلاّ ملء الفراغ قبل الرحيل الأخير. حياتها مع رومان غاري تحولت إلى جحيم، فتطلقا (بعد أن أنجبت منه صبياً) و تزوجت بعده مخرج فرنسي دنيس بيري. و فيما هي لا زالت (رسمياً على الأقل) مرتبطة بـ بيري تزوجت من شاب لاهي جزائري أحمد حسني و دخلت في مشاكل قانونية زادها تعقيداً إستغلال حسني لحالتها النفسية المترنحة٠التي قادتها الى الانتحار.ا

انتحار الشاعر اللبناني
خليل حاوي

طريقة الانتحار: الرصاص "بندقية" "

تاريخ الانتحار: 5 / 6 / 1967

سبب الانتحار: اضطرابا عقليا قريبا من الجنون الطبي

الحكاية يرويها صديقه جهاد فاضل:

لم ينس جيران الشاعر خليل حاوي حتى الآن ذلك المشهد المأساوي المريع الـذي شاهدوه صبيحة الخامس من حزيران من عام1982 فقد استفاقوا من نـومهم ليخرجـوا الى شرفـات منـازلهم، وليتذكروا وقائع ليلة الأمس العاصفة المجنونة التي لم تعرف بيروت مثيلا لها من حيث حدة المعارك والقصف والفوضى التي سادتها. ولكنهم ما كادوا يخرجون الى شرفات منازلهم حتى فجعوا بجارهم الشاعر خليل

حاوي متهاويا على شرفة منزله، وبيده بندقية يبدو للوهلة الأولى أنه انتحر بواسطتها.

يعيد الكثيرون انتحار خليل حاوي لدواع وطنية أو قومية.. فعندهم أن خليل حاوي انتحر احتجاجا على غزو الاسرائيليين للبنان. ذلك أنه شعر بالعار فلجأ، بنظرهم، الى الانتحار، لغسله. ولعله أراد بهذا الانتحار تنبيه بني قومه وايقاظهم من غفلتهم. ومع أن أخرين، لا ينفون أثر العام، او الوطني، كسبب من أسباب انتحار خليل حاوي، إلا أنهم يرون أن انتحار الشاعر كان تتمة منطقية، أو غير منطقية، لخيبات مريرة تجرعها الشاعر من هذه الدنيا، على مدار حياته. من هذه الخيبات، هناك العام، وهناك الخاص أو الشخصي. وهذا العامل الأخير، كان الأقسى والأشد فتكا في نفسية الشاعر، ولدرجة القول أنه يجب العامل العام أو الوطني ويتفوق عليه. ذلك أن خليل حاوي، منذ فتح عينيه على هذه الدنيا، كان نموذجا حيا للشخصية الشقية المعذبة. فقد مارس، وهو بعد في بداية حياته، ما يصطلح على تسميته بالمهن الوضيعة ومنها مهنة الاسكافي. كما أمضى سنوات عدة معاوناً لمعلمي العمار في القرى والأرياف. ووالده نفسه كان معلم عمار. وعندما كبر، عاد إلى المدارس الثانوية ليتخرج فيها ويدخل الجامعة وهو أكبر سنا بكثير من أترابه ورفاقه.

وعندما كان يرتبط عاطفيا بهذه الفتاة او تلك، كان كمن يحاول الاقتراب من الجمر. فالخيبة مرشحة لأن تكون عنوانا لكل حكاياته مع النساء اللواتي أحبهن أو ارتبط بهن، أو فكر بإحداهن كزوجة له. وفي طليعة هؤلاء النساء اللواتي سنسرد حكايات خليل حاوي معهن، تبرز القاصة العراقية المعروفة ديزي الأمير التي أقامت عنده فترة في كامبريدج، خلال دراسته الجامعية العليا فيها، والتي خطبها فيما بعد، ولكن لتنتهي علاقته بها لاحقا نهاية مأساوية.

جرح لم يندمل

ولكن قبل فتح هذا الملف العاطفي المأساوي في حياة الشاعر، ونحن نفتحه اليوم للمرة الأولى انطلاقا من صلتنا الشخصية الحميمة به، نود الاشارة الى جرح غائر في نفس الشاعر لم يندمل يوما، يتمثل في موت شقيقته الصغرى اوليفيا في بلدة بوارج قرب شتورة.

نساء وأزمات

ارتبط خليل بصبايا عديدات من الشوير ومن خارجها. ولكن تلك الارتباطات ما كانت تقوم حتى تزول، لتفد ارتباطات اخرى متصلة بالرزق والكفاح من أجل الحياة، فتقصي ـ خليل عـما كـان يفكر فيه أو يتمناه. وبعد سنوات طويلة كان خليل يرجع الى الشوير في مواسـم الاعيـاد، كـما كـان يفعل مراهقا، ويتأمل تلك الصبايا اللواتي أصبحن أمهات، ومـن بعـد جـدات، ليشعر بنـوع مـن الرعب، وكأنه شاهد على وجوههن آثار ذلك العدو الخفي الذي يسمى الزمن، والذي يرسم السحن المشؤومة وعدته التجاعيد واليباس والنضوب والتشويه. ولا يبالغ ايليا اخوه، عندما يقول في كتابـه عنه أن كل امرأة بدت هرمة وفارقها الالق والجمال والفتنة، كانـت تشيع في نفسـه أزمـة كيانيـة وجودية ينتفي بها الانسان، وتحل حالة يسكر عليها العبث ويقيم اعراسه وولائمه السوداء.

فخليل حاوي في الواقع، كان صورة مجسدة للتشاؤم الاسود واليأس المطبـق، وكـأن كـل يـوم اضافي يعيشه ينبغي أن يهنأ عليه لأن المنتظر والمتوقع منـه بالنسبة لعارفيه، كـان عـلى الـدوام، الانتحار!

وأحب خليل حاوي في صباه فتاة في الشوير أيضاً لكن لم يكن له منها 'الا اللقاء الخـاطف في الكرم، حين تذهب إلى قطف العنب صباحا، أو أنه يراها قادمة، فيهرع للقائها ويتكلمان بكلمـات عابرة مخنوقة لا تمثل حقيقة ما في نفسيهما وفي جسديهما.

نفس ثائرة

لم تكن غراميات خليل حاوي لتصمد مع الزمن، ولا بد من الاشارة هنا إلى أن نساء كثيرات، منهن خطيبته التي لم تتزوجه، ديزي الامير، كثيرا، سكون في مزاجه المتقلب ومن طباعه التي لا تعرف الاستقرار. فهو ثائر، ناقم، سلبي، على حافة الهاوية دائماً. ولعل هذه النفس الثائرة كانت وراء فسخ خطبته أيضا، لا من ديزي هذه المرة، بل من فتاة لبنانية تعرفت إلى خليل عقب عودتها من الولايات المتحدة مجازة في التربية وعلم النفس اسمها عبلة ابي عبدالله.

يعزو شقيقه ايليا حاوي فسخ خطبة خليل من عبلة إلى سبب آخر هو أن خليل الذي كانت تجرفه عاطفته، سرعان ما يصحو فيجد نفسه عاجزا عن تأسيس منزل وإعالة اسرة بسبب محدودية دخله. ذلك أن مرتبه في الجامعة كان محدودا، وظل دائما على هذه الصورة. ولكن لاشك أن وراء كل خيباته مع نسائه هو النفس القلقة من جهة، والنفس الشاعرة من جهة أخرى. فخليل كان يعرف أن كل امرأة يمكن أن تقدم شيئا للشاعر، ولكن تسلبه أشياء. ولأن الشاعر دائما حر وساع لتحقيق حريته، ولأداء واجباته تجاه الشعر، فلاشك أن خليل كان يجد في الزواج عائقا ما. يريد ان يتزوج فيسرع الخطى نحو الزواج، ولكن ليكتشف، قبل ان يثبت في مستتنقع الزواج رجله، ان الزواج ليس سمنا وسكرا، فيتراجع. ولكنه، وقد تراجع، تفيض نفسه بالشجن والبكاء على ما فاته من محاسن العائلة أو الاسرة ومباهجها.

قصة ديزي

ويبدو أن خليل شعر عندما تعرف إلى القاصة العراقية ديزي الأمير بأنه هزم كل خيباته وتصالح مع الزمن وانتهى إلى تطبيع كامل مع قدره وحظه. فديزي أديبة ومثقفة أصلها من العراق، ولكن والدتها لبنانية تمت بصلة القرابة، ولو القرابة البعيدة إلى اسرته. وقد صحبت ديزي معها من العراق عندما قدمت من لبنان

ذكرياتها الأدبية: فهي زميلة السياب والبياتي في دار المعلمين العالية في بغداد. ولديها ملف خاص يحوي، ما لا يحصى من القصائد التي قالها فيها شعراء عرب ومن جنسيات شتى،.

عندما سافر خليل حاوي إلى كمبردج للحصول على درجة الدكتوراه، لحقته ديزي على أمل أن يتزوجا بعد عودتهما الى لبنان. ولكن الزواج لم يتم لأكثر من سبب. تقول ديزي إن خليل ليس 'عصريا'.. فهو لا يعتني بهندامه، ولا يشتري ألبسة جديدة. وهو لا يريد أن يغير أثاث شقته عندما يتزوج. فقد قال لها أن الاهتمام بالأثاث لا يجوز أن يسري عليه. فالاغنياء هم الذين يهتمون بأثاث البيوت، وهو ليس غنيا. لذلك عليها أن تقبل به زوجا ولكن ديزي لم تقتنع، وتابعت شكاواها من خليل: طباعه سيئة ومزاجه لا يحتمل، وعشرته لا تطاق أحيانا لفرط سلبيته. ومن كلمة إلى أخرى، وجد خليل نفسه خارج اطار الخطبة، بل خارج كل صلة مع ديزي.

ما الذي فعلته ديزي بعد خليل؟ تزوجت شاعرا لبنانيا آخر ثم طلقته. هنا عاد خليل إليها طالبا منها أن تتزوجه، ولكنها رفضت رفضا صارما، الأمر الذي أوقع خليل في محنة زادت من محنه ومآسيه وخيباته. فقد تقدم في العمر، ولم يعد من الممكن بالنسبة إليه ارتجال علاقة عاطفية جديدة. وزاد في الطين بلة، كما يقولون، أنه كان يقيم وحيدا في شقته في بيروت وما من رفيق له سوى أفكاره السوداء ووقوعه أسير العبث والعدمية. أما الشعر فلم يعد يواتيه كما كان يواتيه في السابق. وآخر ديوان شعري صدر له، واسمه 'جحيم الكوميديا'، اثار سخرية المثقفين والنقاد، فقالوا أن جمرة الابداع في هذا الشاعر قد انطفأت.

تدهور نفسي وعقلي

في الأشهر الأخيرة التي سبقت انتحاره، كان خليل حاوي يلتقي بديزي الأمير مصادفة في شوارع بيروت الغربية، ويحثها على أن تعود إليه لتتزوجه، لكنه

كان كمن يحاول المستحيل. فديزي أصبحت في عالم آخر، في حين كان خليل يخطط للالتحاق بالعالم الآخر الحقيقي. فقبل حادثة انتحاره، حاول الانتحار ست مرات وفشل في وضع حد لحياته. في كل مرة وعقب المحاولة، كان القدر يتدخل لانقاذه، ولكن اوضاعه النفسية ساءت في الاسابيع القليلة التي سبقت انتحاره اكثر من اي وقت سابق، فقد اضطرب الامن اضطرابا خطيرا في بيروت، ولم يعد الحي الذي يقيم فيه بعيدا عن هذا الاضطراب، في اي ساعة من ساعات الليل أو النهار يلعلع الرصاص، وتسقط القذائف، إلى درجة تعذر الخروج من المنزل ولو الى حانوت قريب لشراء المواد الضرورية العاجلة.كان خليل يعاني في داخله اضطرابا من نوع آخر، لم يكن يخف عن المقربين منه. فقد اجمع هؤلاء على ان خليل يشكو اضطرابا عقليا قريبا من الجنون الطبي ان لم يكن هو الجنون الطبي بعينه. وفي مثل هذه الظروف العامة والخاصة على السواء، كان من المتوقع ان يقدم الشاعر في اي لحظة على اي حماقة. وفي الليلة التي انتحر فيها، كانت بيروت،، عبارة عن جحيم حقيقي. الرصاص يلعلع في كل مكان والمسلحون منتشرون في الشوارع، والاخبار تقول ان الاسرائيليين احتلوا صيدا، وأنهم في طريقهم الى بيروت. في مثل هذه الظروف، أخذ خليل بندقية الصيد التي كانت في خزانته، وخرج الى شرفة منزله المطلة على شارع جانبي قريب من الشارع الكبير أمام الجامعة الاميركية، واطلق على رأسه النار، فسقط في الحال واسلم الروح.

انتحار المطربة المصرية الفرنسية
داليدا

طريقة الانتحار: حبوب منومة بقدار مميت

تاريخ الانتحار: 1987/5/3

سبب الانتحار: اليأس

داليدا.. تلك المرأة التي انتحر من أجلها أكثر مـن عاشـق قررت أن تنتحـر هـي بـدورها في مدينة باريس فـي فرنسـا. وذلك بتناولها كمية كبيرة من الحبوب المنومة.

نالت داليدا شهرة فنّية عالمية.. بعد أن غيّرت اسمها من (يولاند كريستينا) إلى داليدا...كانت داليدا تتمتع بجمال متميّز كتميّز صوتها.. قامة نقية وشفـافة..

ممشـوقة كتلك الآلهة الإغريقية المنحوتة على يد فنان.. مما دفعها للمشـاركة في مســابقة جـمال مصــر في عام 1955 والفوز بلقب ملكة جمال مصر.. وكان عمرها 21 عاماً.

صادفها الحظ بـاكراً لتحـل محـل الممثلـة البريطانيـة Joan Collins في فـيلم Le Masque de Toutankhamon للمخرج الفرنسي- Marco de Gastyne لصـالح السـينما المصر-ية.... والفـيلم نـاطق باللغة العربية.

ومن ثم مثلت فيلم يوسف وإخوانة Joseph and his brothers في نفس العام... أمـام الممثـل الشهير... (عمـر الشـريف) وكان اسمة في تلك الفترة (ميشيل شلهوب)وقـد شـاركت داليـدا بأربعـة أفلام مصرية من إخراج يوسف شاهين وكلها ناطقة باللغة العربية:

1. A glass and a cigarette كأس وسيـــجارة في عام 1955
2. The mask of Toutankhamon قناع توت عنخ آمـــون... في نفـس العـام 1955... وهـذا الفيلم يعرف أيضا تحت هذا الإسم بالفرنسي Le Masque de Toutankhamon
3. باللإضافة إلى Joseph and his brothers يوسف وإخوانة.
4. وفيملها الرابع.... هذا The Sixth Day أو كما عرف عالميـاً بالفرنسي- Le Sixième jour.... اليوم السادس... الذي مثلتة قبل انتحارها بســنة تقريبا أي في عام 1986

أمّا من ناحية الأغنية والشهرة العالمية التي حازت عليها.. فقد بدأت عنـدما التقـت بـالنجم الكبير (بول برايز) الذي نصحها بالتوجـه إلى بـاريس والبحـث عـن فرصـة أكيـدة تنطلـق بعـدها.. فعملت بنصيحته وسـافرت بالفعل لتحقيق ذاتهـا ومرادهـا.وإذا بهـا تجـد الأمــور وكأنهـا كانـت مرتبة لهـا ونصحها أيضا (رولان بيرجية) أحـد أشـهر الفنـانين الفرنسـيين في تلـك الحقبـة..... بـأن تسجل

بصوتها إغنية (غريب في الجنة) من أشهر الأغاني الفرنسية في ذلك الوقت... للمغنية الفرنسية الشهيرة (غلوريا لامــو)... ثم سمحت لها الفرصة للغناء في مربع ليلى... ثم تعاقدت مع مربع آخر , وظهرت من بعد ذلك على غلاف مجلة (ســينما العالم) وبـدأت تتسـلل الإبتسامة إلى حياتها وتضحك لها الدنيا فإذا بها بعد وقت قصير تغني على خشبة الأولمبيا (أكبر وأقـدم مسرح للغناء في العالم) وبعد عام واحـد على هذا الحدث أصبحت دليلة المصرية أو داليدا كما عرفت عالمياً... من أفضل المطربات والفنانات الفرنسيات... التي باتت الجماهير تطلب أغانيها بإستمرار بكثرة من الإذاعات الوطنية.

وصلت شهرة داليدا وشعبيتها إلى جميع أنحاء العالم.. واجتمعت بأشهر وأكبر الشخصيات الفنية العربية والأجنبية

انتحارها:في سنة 1987 بـ 3 من شهر مايو وجدتها خادمتها ملقاة على سريرها بسبب تناولها جرعه زائده من الاقراص المنومه والى جوارها رساله كتبـت فيهـا: "Life has become unbearable... forgive me" "سامحوني.. فالحياة أصبحت بالنسبة لي مستحيلة " كانت تلك الكلمات آخر ماتركته خلفها المطربة الفنانة المصرية/الفرنسية داليدا

تم دفن داليدا بمقابر " Cimetiere de Montmartre " في باريس وقد تم صنع تمثال لها على القبر بنفس الحجم الطبيعي لها وهو يعتبراحدى اكثر الاعمال المنحوته تميـزاً في المقابر الخاصه بالمشاهير. وبعد وفاتها.. حدث خلاف بين مصـر وفرنسا بصدد مكان دفنها ومثواها الأخـير.. وقـال أحـد المسؤولين الفرنسيين حينها... لو أعطتنا مصر منارة الإسكندرية التاريخية.. مقابل دفن داليدا بمصر.. لرفضنا هذا الطلب.وبالرغم من هـذا النجاح.. لم يصل الفرح لقلب داليدا ولم يكن هذا النجاح يعني شــيئا في حياتها الخاصة.. إذ أنها واجهت الموت ثلاث مـرات حين انتحـر ثلاثة من عشـاقها تباعاً.. في وقت كانت تحتاج فيه إلى حياة خاصة

صاخبة وموفقة لكي تتوازن حياتها...... لكن..... هذا الحلم لم يتحقق لها.. وضحايا داليدا دفعوها الى محاولة اللحاق بهم انتحاراً أيضا.. لكن المحاولات باءت بالفشل ولم تنجح حتى ذلك اليوم لثالث من شهر مايو لعام 1987... حيث عثر عليها جثة هامدة في منزلها في حي مونمارتر الباريسي الراقي.. بعد تناولها لكمية كبيرة من الحبوب المنومة.. وإلى جانبها ورقة صغيرة كتبت عليها " سامحوني.. فالحياة أصبحت بالنسبة لي مستحيلة "

وفي الذكرى العشرين لرحيلها, اقيم معرض ضخم في باريس للنجمة الكبيرة داليدا.وفي هذا المعرض الذي لقى نجاحا هائلا وتم احياء الذكريات الاستعراضية المدهشة وعرض الاصدارات الجديدة عنها في المكتبات أو عند بائعي الاسطوانات إضافة الى الكتاب الشهير الذي احبه الجميع عن حياتها , داليدا ذات الالقاب الكثيرة..

انتحار الدكتورة
درية شفيق

ksa-ksa.net

طريقة الانتحار: ألقت بنفسها من شقتها في الدور السادس

تاريخ الانتحار: 1975 /9/30

سبب الانتحار: الاكتئاب الحاد

درية شفيق من رواد حركة تحرير المرأة في مصر في النصف الأول من القرن العشرين و ينسب لها الفضل في حصول المرأة المصرية على حق الانتخاب و الترشح في دستور مصر العام 1956. و مؤسسة لدوريات أدبية و باحثة و مناضلة ضد الوجود البريطاني في مصر.

ولدت في مدينة طنطا في دلتا النيل العام 1908، درست في مدرسة البعثة الفرنسية في طنطا، تم ارسالها ضمن أول فوج طالبات من قبل وزارة المعارف

المصرية للدراسة في جامعة السوربون في باريس على نفقة الدولة، و هي نفس الجامعة التي حصلت منها على درجة الدكتوراة في الفلسفة العام 1940، و كان موضوع الرسالة "المرأة في الإسلام" حيث أثبتت في رسالتها أن حقوق المرأة في الإسلام هي أضعاف حقوقها في أي تشريع آخر .

لدى عودتها من فرنسا برفقة زوجها، رفض عميد كلية الآداب بجامعة القاهرة تعيينها في الجامعة كونها "امرأة"!، عرضت عليها الأميرة شويكار منصب رئاسة مجلة المرأة الجديدة التي تصدرها، لكنها لم تستمر في منصبها طويلا فأصدرت مجلة بنت النيل و التي كانت أول مجلة نسائية ناطقة بالعربية و موجهة لتعلم و تثقيف المرأة المصرية.[4] أسست في أواخر الأربعينيات حركة لـ(التحرر الكامل للمرأة المصرية) عرفت باتحاد بنت النيل.

قامت بتأسيس حركة للقضاء على الجهل و الأمية المتفشية بين الفتيات و النساء في عدة مناطق شعبية من القاهرة فأسست مدرسة لمحو الأمية في منطقة بولاق.

اقتحام البرلمان:

في فبراير 1951 قادت مظاهرة برفقة 1500 امرأة اقتحمت بها مقر مجلس النواب المصري حيث كانت تهدف بأن ينظر المجلس ورئيسه بجدية في قضايا ومطالب المرأة المصرية، و يعتبر الكثيرون هذه اللحظة لحظة تاريخية بالنسبة للحركة النسائية.

النضال ضد الاحتلال:

في 1951 قامت باعداد فرقة شبه عسكرية من النساء المصريات للمقاومة ضد وحدات الجيش البريطاني في قناة السويس تضمنت الاستعداد للقتال و تدريب ممرضات للميدان. كما حوكمت لقيادتها مظاهرة نسائية من اتحاد بنت النيل حيث قمن بمحاصرة بنك باركليز البريطاني في القاهرة في يناير 1951 و دعين لمقاطعته.

حزب اتحاد بنت النيل:

بعد قيام ثورة 23 يوليو العام 1952 طلبت من الحكومة تحويل اتحاد بنت النيل إلى حزب سياسي فتم الأمر ليصير حزب اتحاد بنت النيل أول حزب نسائي سياسي في مصر.

الاضراب والعزلة:

وقت اعداد لجنة مشكلة من قبل حكومة الثورة لدستور مصري جديد في العام 1954، احتجت درية شفيق لعدم وجود امرأة واحدة بين أعضاء اللجنة، وقامت برفقة نساء أخريات باضراب عن الطعام لمدة 10 أيام، حينها وعدها الرئيس محمد نجيب في رسالة نقلها إليها محافظ القاهرة وقتها بأن الدستور المصري الجديد "سيكفل للمرأة حقها السياسي"، وهو ماتحقق بمنح المرأة المصرية حق التصويت والترشح في الانتخابات العامة لأول مرة في تاريخ مصر الحديث

اصدارات، ترجمة وأعمال أدبية

أصدرت عدة دوريات أدبية منها مجلة المرأة الجديدة ومجلة بنت النيل ومجلة الكتكوت الصغير للأطفال، في سنوات العزلة ترجمت درية شفيق القرآن الكريم إلى اللغتين الإنجليزية والفرنسية، كما ألفت عدة دواوين شعرية وكتب و مذكراتها الخاصة.

عندما انتسبت للجامعة في مستهل عهدها بقبول الفتيات والطالبات إلى جانب الفتيان, يذكر الدكتور سيد العفاني في كتابه أعلام وأقزام فيقول: (من خلال هذا التحدي الجامعي كانت السيدة وهي طالبة تبالغ في إبراز فتنتها وجمالها، حتى لقد كان يتألم من مظهرها الأساتذة والطلاب, ومع ذلك فقد واصلت دراستها حتى تخرجت, ثم سافرت وحدها بالطبع إلى فرنسا للحصول على درجة الدكتوراه التي كان موضوعها مرتبًا بما تعلقه على نفسها من المساهمة في سبيله في مستقبل

أيامها, لقد كان موضوعها يتعلق بموقف الإسلام من المرأة) [أعلام وأقزام، د.سيد العفاني، (142/1)].

آراؤها ونهجها

من آرائها العجيبة، إعجابها بالحملة الفرنسية على مصر، ففي الوقت الـذي رأى المسـلمون الواعون أن الحملة الفرنسية بقيادة "نابليون بونابرت" سـنة 1798م كانت حملة صـليبية جديـدة؛ فاجتمعوا يواجهونها ويجاهدونها الجهاد المقدس في سبيل اللـه، فإن درية شفيق تقول: (إن اعتبـار تاريخ مصر الحديث يبدأ بنزول الفرنسيين إلى وادي النيل مبدأ مقبول إلى حد بعيد؛ ذلك لأن مصرـ شهدت تجديداً أثناء تلك الحملة، وأنها منذ عرفت الفرنسيين عرفت التقدم في مراحله جميعًا، وأنها مضت قدمًا نحـو أهـداف سياسية واجتماعيـة) [تطور النهضـة النسـائية في مصرـ دريـة شـفيق، ص(29)].

ومع الإعجاب الشديد بالحملة الفرنسية، كان الانبهار الشديد بالمرأة الإنجليزية، التي تعدها "درية شفيق" مثلها الأعلى، وتحث فتيات ونساء المسـلمات أن يتخـذن مـن المرأة الإنجليزية مثلًا أعلى، فتقول:

(وبالرغم من أن ثقافة معظم المصريين المتعلمين متـأثرة أشـد التأثر بالثقافـة الفرنسـية، وبالرغم من أن كثيرًا من مظاهر حياتنا الاجتماعية منقولة عن مظاهر الحياة الفرنسية الاجتماعيـة، فإنا لا نجد في ظروفنا الحاضرة مثلًا أرفع من مثل الإنجليزية المثالية التي نرجو أن نخطو في نشاطنا النسائي على نهجها وهداها.

فالمرأة الإنجليزية سيدة عركها الزمن واستحقت مكانها في حياة بريطانيا "العظمى" بجدارة تحسدها عليها بنات جنسها جميعًا، إنها سيدة بيت من الطراز الأول... وهي أم مثالية بين الأمهات؛ لأن وظيفة الأم عندها رعاية الابن الممثل فيه الجيل الجديد: جيل إنجلترا الـذي ينبغـي أن يحـافظ على تقاليد تلك الأمة، وفي مقدمتها تربية الطفل تربية تليق بـ"عظمـة" بريطانيـا... فيشـب مواطنًـا يعرف مقامه في

الدنيا وحسبه هذا المقام الذي يشغله الإنجليز منذ مئات السنين) [تطور النهضة النسائية في مصرـ درية شفيق، ص(97)].

تقول: (وقد تأثرت المرأة الإنجليزية في ذلك كله بملكة إنجلترا، ونحن بذلك نضرب المثل بخير مثل وهو جلالة ملكة بريطانيا، فلنأخذ القدوة من أهل القدوة، وليكن في السيدة الإنجليزية وعلى رأسها ملكة إنجلترا مثالًا لنا في كفاحنا من أجل السيدة المصرية ونصيبها في الحياة) [تطور النهضة النسائية في مصر، درية شفيق، ص(99)].

كما كان متوقعًا أشادت درية شفيق بجهود طه حسين، ومدرسته وأصدقائه وتلامذته في القضاء على ما أسمته التقاليد السخيفة، فتقول: (وكان من نتيجة هذه الجهود مجتمعة أن تيسر ـ تحقيق حلم الخديوي إسماعيل القديم، وهو اعتبار مصر جزءًا من أوروبا) [تطور النهضة النسائية في مصر، درية شفيق، ص(15)].

ثم تنسج على نفس منوال المديح الزائف، فتعتبر أن الخديوي إسماعيل كان ضرورة لمصرـ لينتشلها من الخمول واليأس إلى النضوج والاستواء، وتدلل على ذلك فتقول: (ترقت الحياة في عهد إسماعيل؛ فشهدت قصوره حياة اجتماعية لم تُعرف في مصرـ الحديثة، شهدت قصوره الحفلات الراقصة، وشهد عصره أذواق الملابس الجديدة حتى ألوان الطعام تنوعت، ودخل فيها جديد.

حدثتنا الوثائق المكتشفة أخيرًا أنه اشترك لزوجاته وسيدات أسرته في سبع مجلات "للموضة"، فكانت نماذج الأزياء في مصر والشرق العربي تخرج من قصوره، وهذه العناية بشئون النساء ـ وإن كانت خاصة ـ إلا أن وراءها قلبًا كبيرًا يعرف للمرأة حقها، ونوايا طيبة بدأ أثرها في خلال عصره الزاهر) [تطور النهضة النسائية في مصر، درية شفيق، ص(45-46)].

علاقتها بالاستعمار

بعد رحلة الدراسة إلى إنجلترا، عادت درية شفيق لتشكل حزب نسائي أسمته "بنت النيل"، لتعود في رحلة أخرى إلى إنجلترا، حيث قوبلت بحفاوة بالغة، لم ينل مثلها كثير من رؤساء الدول وزعمائها ورحبت بها الصحف البريطانية بدون استثناء، ونشرت عنها الأحاديث العديدة التي تصورها بصورة الداعية الكبرى إلى تحرير المرأة المصرية من أغلال الإسلام وتقاليده، أي أغلال الحجاب والطلاق وتعدد الزوجات.

هذا طرف من بعض الأحاديث التي كتبها مراسل لجريدة "سكتشمان" الإنجليزية، حيث يقول: (إن الأهداف المباشرة لحزب بنت النيل هي كما أوضحتها الدكتورة "درية شفيق": منح المرأة حق الاقتراع، وحق دخول البرلمان، والمطمع الثاني الذي تهدف الدكتورة لتحقيقه، هو إلغاء تعدد الزوجات وإدخال قوانين الطلاق الأوروبية في مصر) [تطور النهضة النسائية في مصر ـ درية شفيق، ص(29)].

عادت إلى مصر مرة أخرى، حيث عظم نشاطها، وتوفرت لها أسباب الحماية والحرية، وتهيأت لها عوامل النشر والإذاعة؛ حتى لقد حيل بين أهل الرأي ودعاة الدين وحماته وبين الرد على دعوتها إلى حرية المرأة من كل قيد.

وزال العجب من القوة التي كانت تقف وراء درية شفيق، (حين انكشف بعض المستور؛ حيث قدمت إحدى عضوات مجلس إدارة الحزب استقالة مسببة، ما لبثت أن قبلتها الرئيسة دون عرضها على مجلس الإدارة، وكم كانت الدهشة كبيرة حين علم أنه قد حيل بين كثير من الصحف وبين نشر سبب الاستقالة، حتى فوجئ الشعب بأن السبب هو أن السفارة الإنجليزية والسفارة الأمريكية تمدان الحزب بألفين من الجنيهات سنويًا، عدا الورق المصقول وغيره فضلًا عن تقديم المشورة والتوجيه) [الحجاب، محمد إسماعيل، ص(80)].

حتى بعد كشف المستور، لم تتوقف درية شفيق عن علاقتها بالاستعمار الغربي، ففي إبريل سنة 1951م عقد مؤتمر نسائي دولي في "أثينا" حضرته هذه المرأة ممثلة المرأة المصرية زورًا وبهتانًا، وقد كان المؤتمر مؤامرة استعمارية بعيدة المدى كما يبدو من أحد قراراته التي أيدتها "درية شفيق"، فيما يتعلق بإقرار "سياسة التسليح الدفاعي"؛ مما كان من شأنه تأييد الاحتلال البريطاني لمصر؛ ولذلك صفقت المندوبة البريطانية تصفيقًا حارًا لذلك القرار [الحركات النسائية في الشرق وصلتها بالاستعمار والصهيونية العالمية، د.محمد فهمي عبد الوهاب، ص(28)].

علاقتها بالصهيونية:في أحد رحلاتها، وبينما كانت في مؤتمر للحركات النسائية بالعاصمة الإيطالية "روما" بصحبة مندوبة إنجلترا، التقت مندوبة "إسرائيل" "تبيهلا مانمون"، وأثناء انعقاد المؤتمر اتصلت بوفد "إسرائيل" ورئيسته المذكورة طوال الأيام التي مكثتها هناك، ونشرت الصحف الأوروبية وبعض المجلات النسوية المصرية الصور الكثيرة التي بدت فيها الدكتورة "درية شفيق" في أحاديث هامة، وأوضاع شتى مع هذه "الإسرائيلية" الخطيرة.

أعلنت المندوبة "الإسرائيلية" المذكورة ارتياحها بالمندوبة المصرية بلندن، ومصاحبتها لها إلى "نابولي" بإيطاليا، حيث قالت فيما نشرته الصحف الإيطالية والفرنسية: (إنني أهنئ نفسي بهذا الاتصال الذي ربط بيني وبين السيدة "درية شفيق"، وإنني أعلن لعضوات المؤتمر السادس عشر في "نابولي" أني عقدت أمالي على الزعيمة المصرية لحل جميع المشكلات بين البلدين: "إسرائيل" ومصر).

نشرت مجلة نسوية مصرية الصور المختلفة لدرية شفيق مع رئيسة وفد "إسرائيل"، نقلًا عن الصحف الإيطالية، كما نشرت صورة "زنكوجرافية" لمقال نشرته بعض الصحف "الإسرائيلية" الصادرة في "تل أبيب" باللغة العبرية، وكانت صورة "درية شفيق" وهي تحادث مندوبة "إسرائيل" تتقدم المقال المذكور، وقد جاء في هذا المقال بعد ترجمته: (إن تل أبيب تتوقع أن الحوادث المقبلة ستزيد مكانة "درية شفيق" شأنًا

ورفعة) [الحركات النسائية في الشرق وصلتها بالاستعمار والصهيونية العالمية، د.محمد فهمي عبد الوهاب، ص(50)].

زواجها من الصاوي:قال مصطفى الذي كان جارًا لها في كتابه " شخصيات لا تنسى " (ص 257 وما بعدها) ونقله عنه صاحب " لماذا انتحر هؤلاء " (ص 113-118): (صدرت جريدة "الأهرام" ذات صباح، وفي صدر الصفحة الأولى صورتان كبيرتان بعرض أربعة أعمدة بعنوان "قران سعيد"، ودهش القراء، فهذه أول مرة تنشر جريدة الأهرام صورة عروسين في الصفحة الأولى، حتى خبر زواج الملك فؤاد من الملكة نازلي نشرته جريدة الأهرام الوقورة في صفحة المحليات في داخل الجريدة. وتضاعفت دهشة القراء عندما قرأوا أن العريس هو الكاتب الشاب المحبوب أحمد الصاوي محمد، الذي يكتب باب "ما قلّ ودل" في الصفحة الأولى من الأهرام، وقد كان الصاوي يومئذ أحد نجوم الصحافة الموهوبين وكانت كتاباته وقصصه موضع إعجاب السيدات والآنسات فقد كان ينصر المرأة، ويؤيد تعلمها، ويحيي نجاحها في جميع الميادين، وكانت العروس هي الآنسة "درية شفيق" التي تحمل شهادة في الآداب والتي حصلت على (الليسانس) من جامعة السوربون في باريس، والتي تحدث المجتمع عن جمالها ونبوغتها.

ثم زاد ذهول القراء عندما قرأوا في النبأ أن حفلة عقد القران تمت في قصر السيدة "هدى شعراوي" زعيمة النهضة النسائية في مصر، وأن قيمة الصداق كانت خمسة وعشرين قرشاً مصرياً فقط!!

وكان هذا الزواج هو زواج الموسم وخاصة أن بطليه كانا من أنصار المطالبة بحقوق المرأة، وتم عقد الزواج بسرية تامة، ولم يتسرب النبأ أو الإشاعة إلى جريدة أو مجلة، وانفردت الأهرام وحدها بنشر الخبر الخطير.

ولكن الزواج الذي أحدث ضجة كبرى لم يستمر، بل حدث الطلاق قبل الزفاف، فقد كان أحمد الصاوي أوروبياً من الخارج وصعيدياً من الداخل (يعني

مسلمًا!!)، ولد في مدينة أسوان وتعلم في باريس، فهو متحرر في كتابته ومحافظ في بيته، وكانت درية شفيق متأثرة بدراستها في السوربون، تطالب للمرأة المصرية بكل حقوق المرأة الفرنسية، تريدها ناخبة ونائبة ووزيرة، وكان الصاوي لا يمانع أن تكون كل امرأة في مصر ـ وزيرة وسفيرة ما عدا زوجته هو فإن مكانها في البيت! وتم الطلاق، وعندما تزوج أحمد الصاوي محمد بعد ذلك بأكثر من عشر سنوات رفض أن تُنشر صورة زوجته في الصحف، ولم تظهر حتى الآن صورة زوجة الصاوي الثانية على صفحات الصحف، بينما مضى على زواجهما أكثر من خمسة وثلاثين عاماً!!

إلى أن يقول: وذهلت درية في وحدتها: أنصارها تخلوا عنها، صديقاتها انقطعن عن زيارتها، والصحف منعت من ذكر اسمها حتى وهي تذكر القرار بمنح المرأة المصرية حق الانتخاب ودخول نائبات في البرلمان وتعيين وزيرة في الوزارة، نسي ـ الناس اقتحامها البرلمان سنة 1951 مطالبة بحق المرأة في الانتخاب، ونسوا أنها فقدت حريتها وصحفها وما لها وزوجها لأنها طالبت بمزيد من الديمقراطية.

وبقيت درية شفيق شبه مسجونة في شقتها في الدور السادس بعمارة وديع سعد طوال 18 عاماً، لا تزور أحداً ولا يزورها أحد!

وكنتُ أراها من وقت لآخر في مصعد العمارة ـ لأنها كانت جارتي ـ بلا زينة ولا طلاء، في فستان قديم، وقد كانت قبل ذلك ملكة للجمال وملكة للأناقة، وجهها شاحب، عيناها تبكيان بلا دموع، شفتاها ترتعشان بلا نطق، قلبها ينزف بلا دم، روحها تصرخ بلا صوت، كانت هذه المرأة أشبه بالشيخ، امرأة ميتة تمشي خرساء برغمها..

وفاتها

منذ عام 1969م، عانت "درية" من وحدة حقيقية، وأخذت "درية" تشغل وقتها بالترجمة لقاء المكافآت، وأخذت تنجز بعض الكتب وتجمع أشعارها في دواوين.

عانت "درية" عزلة حقيقية وأُصيبت بالاكتئاب، وكانت تتردد على أحد الأطباء النفسيين المشهورين بمصر، وفي 30 سبتمبر 1975م عاد اسمها إلى الصفحات الأولى من الجرائد المصرية تحمل خبر انتحار "الدكتورة درية شفيق"؛يقول مصطفى أمين عن ذلك: (عدت إلى داري بعد أن تناولت الغذاء في واحد من الفنادق، وفي مدخل المبنى رأيت جمعًا من الناس يحيطون بملاءة بيضاء، وتحت الملاءة وجدت جثة جارتي "درية شفيق" تلك المرأة التي ملأت الدنيا ضجيجًا وبيانات) [شخصيات لا تُنسى، مصطفى أمين، ص(257)].

أهم المراجع:أعلام وأقزام، د.سيد العفاني.دور النهضة النسائية في مصرـ درية شفيق. الحجاب، محمد إسماعيل. الحركات النسائية في الشرق وصلتها بالاستعمار والصهيونية العالمية، د.محمد فهمي عبد الوهاب.شخصيات لا تُنسى، مصطفى أمين.

انتحارالكوميدي الاسرائيلي المعروف
دودو طوباز

طريقة الانتحار: شنقا

تاريخ الانتحار: 2009/8/20

سبب الانتحار:الاكتئاب الحاد في السجن

أقدم الممثل الكوميدي الاسرائيلي المعروف دودو طوباز على الانتحار شنقا داخل زنزانته بمعتقل نتيسان بمنطقة الرملة، حيث كان يقضي عقوبة الحبس بتهمة تدبير اعتداءات على عدد من كبار الإعلاميين والتخطيط لاستهداف آخرين.

طوباز اشتهر بتقديمه برامج تليفزيونية ترفيهية مختلفة منذ ثلاثة عقود تقريبا وأصبح بالتالي من أغنى وأشهر الفنانين في البلاد، لكن سيرته الفنية كانت حافلة بالفضائح بسبب سلوكياته العدوانية.

وقالت مصادر إسرائيلية إن طوباز قام بشنق نفسه داخل دورة مياه زنزانته، مشيرة إلى أنه وضع مع خمسة أشخاص آخرين، داخل زنزانة خاصة مراقبة بكاميرات على مدار ال24 ساعة، إلا أن دورة المياه لم يكن فيه كاميرات حفاظا

على الخصوصية، وتم وضعه في مثل هذه الزنزانة لأنه قام سابقا بمحاولة الانتحار إلا أنه فشل في ذلك.

وكانت الصحف قد نشرت الكوميدي الإسرائيلي دودو طوباز ما زال رهن الاعتقال، لليوم الثالث على التوالي، بشبهة قيامه باستئجار شخصين بهدف الاعتداء على مسؤولين في شركتي "كيشت" و"ريشت" التلفزيونيتين. وقال مصدر مطلع في الشرطة، ان طوباز اعترف خلال التحقيق معه بقسم من الشبهات المنسوبة إليه! ومن بين الأشخاص الذين أراد طوباز - حسب الشبهات - أن يتم الاعتداء عليهم، مسؤولة كبيرة في "ريشت" هي شيرا مرغليت، وآفي نير من "كيشت" بعد رفضهما إعادته إلى الشاشة الصغيرة عبر برنامج ترفيهي في القناة الثانية!!وبحسب ما أعلنت الشرطة فإن طوباز حوّل عشرات آلاف الشواقل من حسابه لشخصين من أصحاب السوابق الجنائية، وتحدث معهم عبر الهاتف عبر وسيط وهو جار له.هذا وكان طوباز، بواسطة وكيله المحامي أمير، نفى الشبهات الموجهة ضده جملة وتفصيلا.

وقال وكيل الدفاع عن طوباز المحامي، تصيون أمير، إنه حذر مرارا منذ اعتقال طوباز من خطورة حالته النفسية معتبرا أنه كان بالإمكان إخضاعه للمراقبة خارج جدران السجن. كما اتهم المحامي أمير وسائل الإعلام الإسرائيلية بشن حملة مسعورة ضد طوباز لاغتيال شخصيته.وشكلت مصلحة السجون لجنة تحقيق خاصة يترأسها ضابط برتبة ميجر جنرال لتقصي- الحقائق المتعلقة بحادث الانتحار.وجدير بالذكر ان الكوميدي طوباز الذي أتم دراسة التمثيل في العاصمة البريطانية لندن، من مواليد حيفا عام 1948.

انتحار الممثل الأمريكي
"ديفيد كارادين"

طريقة الانتحار: شنقا:

تاريخ الانتحار: 4/6-2009،

سبب الانتحار: الادمان والممارسات الجنسية المفرطة

عُثر على الممثل الأمريكي ديفيد كارادين، بطل المسلسل التلفزيوني "كونغ فو" وأفلام مثل "كيل بيل" لكوانتين تارانتينو مشنوقا في غرفة الفندق الذي ينزل فيه في بانكوك. وقال مسؤول في الشرطة التايلاندية، إن الممثل الأمريكي البالغ الثانية والسبعين، قد يكون توفي جراء ممارسات جنسية خرجت عن السيطرة.

وأوضح الجنرال ورابونغ سيوبريتشا من شرطة مدينة بانكوك، "كان هناك حبل ملفوف حول رقبته وآخر حول عضوه التناسلي، وكان الحبلان مربوطين معا،

وموصولين إلى الخزانة"، وأضاف "في ظل هذه الظروف لا يمكننا أن نؤكد انه انتحر".وكان كارادين يشارك في بانكوك في فيلم "ستريتش" للمخرج شارل دو مو، ومن إنتاج الشركة الفرنسية "ام كا 2"، وأتت وفاته قبل 3 أيام من انتهاء التصوير على ما أوضحت الشركة المنتجة.

وعثرت عاملة تنظيفات على كارادين في غرفته في فندق فخم في العاصمة التايلاندية عاريا، ومشنوقا، ومتدليا من خزانة، وقالت سفارة الولايات المتحدة في تايلاند "نؤكد أن كارادين توفي في بانكوك" من دون إعطاء أي تفاصيل أخرى حول سبب الوفاة، موضحة أن "الملابسات لم تتضح بعد".

وأظهرت تقرير التشريح الأولي أن كارادين توفي جراء نقص مفاجئ في الأوكسجين، وأن جسمه لا يحمل أثار عراك على ما أفاد عامل في المستشفى اطلع على التقرير وكالة فرانس برس، طالبا عدم الكشف عن هويته.

واوضح المصدر ذاته أنه "توفي بسبب نقص حاد في الأوكسيجين، وفحص الأطباء الشرعيون أظافره وأخذوا عينات من الأنسجة للتحقق من أن الحمض الريبي النووي يتطابق مع الحمض الريبي النووي الموجود على الحبل".

وفي حال كان هناك تطابق فهذا يعني أن كارادين قام بربط الحبل بنفسه. في حين قامت الشرطة المتخصصة بمسح غرفة كارادين وبفحص شراب كان موجودا فيها.

وقال مدير قسم الطب الشرعي في مستشفى شولالونغكورن نانتانا سيريساب إن وفاة كارادين ليست طبيعية، واستجوبت الشرطة أفرادا من فريق إنتاج الفيلم الذين قالوا لها إن الممثل "احتسى البيرة من الصباح حتى مساء اليوم الذي عثر فيه ميتا".

وقال الخبير بورنيب روجاناسونان الذي يعمل مع وزارة العدل التايلاندية لوكالة فرانس برس "هذه ليست عملية انتحار أو قتل، لكنه توفي (...) بعد ممارسة العادة السرية".

وقال ضابط في الشرطة لا آثار رضوض على جسم الممثل، موضحا أن كاميرات المراقبة لم تسجل أي شخص يدخل من غرفة كارادين أو يخرج منها، وكانت الغرفة موصدة من الداخل على ما أضاف في تصريح لوكالة فرانس برس.

وأفاد ناطق باسم وكلاء الممثل أن وفاة كارادين "قد تكون عرضية"، في حين ذكرت ناطقة باسم الممثل في لوس انجلوس أن "الظروف المحيطة بوفاة الممثل لا تزال مجهولة"، وأوضحت أن "عائلة كارادين مصدومة بنبأ وفاة ديفيد".

وينحدر ديفيد كارادين من عائلة اشتغل أفرادها بالتمثيل السينمائي في هوليوود بأميركا من بينهم والده جون وشقيقه كيث.

كما عمل كارادين في ما يزيد عن مائة فيلم روائي طويل و100 فيلم روائي تحت إدارة مخرجين مكرسين وشباب مثال: مارتن سكورسيزي وانجمار برجمان وهال اشبي بالإضافة إلى تارانتينو.

وولد في الثامن من ديسمبر/كانون الأول 1936 وبدأ مسيرته الفنية على المسرح الغنائي في برودواي في نيويورك.

وهو معروف خصوصا من خلال دوره في المسلسل التلفزيوني "كونغ فو"، الذي عرض في سبعينيات القرن الماضي بيد أن حياته المهنية كانت متنوعة جدا. رشح للفوز بجائزة غولدن غلوب على هذا الدور.

وفي السنة التالية شارك مع المخرج الكبير اينغمار برغمان في فيلم "ذي سربنتز ايغ".وخلال العقدين التاليين واصل العمل لكنه فشل في تحقيق النجاح واكتفى بأفلام من الدرجة الثانية بسبب تخبطه بمشاكل إدمان المخدرات والكحول.

في منتصف التسعينيات استعاد دور كونغ فو في فيلم "كونغ فو: ذي ليجند كونتينيوز"، واستدعاه المخرج كوينتين تارانتينو ليضطلع بدور رئيس في فيلمه "كيل بيل" وكيل بيل 2" في عامي 2002 و2003، ونال كارادين من خلال هذين الفيلمين ترشيحا رابعا للفوز بجائزة غولدن غلوب كأفضل ممثل.وقد تزوج خمس مرات كان آخرها في 2004 وله ابنتان.

وقد دعت عائلة الممثل الأميركي ديفيد كارادين مكتب التحقيقات الفيدرالي (إف.بي.آي (إلى التحقيق بالحادث. وأعلن مارك جيراغوس، محامي كيث كارادين، شقيق الممثل، خلال برنامج تلفزيوني على محطة «سي.إن.إن» إن عائلة الممثل قد طلبت من مسؤولين في مكتب التحقيقات الفيدرالي المساعدة في التحقيق. وقال ان عائلته لا يعتقدون أن كارادين كان بوسعه قتل نفسه. كما قال جيراغوس، إن العائلة رفضت التقارير الأولية التي أشارت إلى أن الممثل قد انتحر، وقال المحامي «لا تعتقد العائلة وخصوصا كيث، أن كارادين كان لينتحر على الإطلاق».وجدير بالذكر ان كارادين كان قد كتب في سيرته الذاتية عام 1995 «طريق سريع بلا نهاية» أنه حاول قتل نفسه عندما كان عمره خمس سنوات. كما يوثق الكتاب إدمانه المشروبات الكحولية وتعاطيه المكثف للمخدرات بدءا من عقار الهلوسة «إل.إس.دي» إلى الكوكايين.

انتحار مستشار ونائب هتلر في الحزب المارشال
رودلف هيس
(Rudolf Hess)

طريقة الانتحار: الشنق.... بأسلاك الكهرباء فى زنزانته.

تاريخ الانتحار: 17 / 8 / 1987

سبب الانتحار: الاكتئاب الحاد واليأس من الافراج

بداية حياته:ولد بالإسكندرية مصر 26 أبريل1894، ثم انتقلت عائلته مـن مصر ـ إلى ألمانيـا في العام 1908 و انتقل إلى سويسرا لدراسة إدارة الأعمال.

في الحرب العالمية الأولى تطوع في الفرقة البافارية المدفعية السابعة و أصبح جندي مشـاة و تم منحه الصليب الحديدي من الدرجة الثانيـة ثـم انتقـل للخدمـة بـالقوات الجويـة الإمبراطوريـة كملازم.

نيابة هتلر:بعد الحرب درس العلوم السياسية، الاقتصاد و التـاريخ في جامعـة. ميـونخ وبعـد سماع خطبة هتلر في عام 1922 أصبح مخلصاً تماما لخدمته. بعد خدمة

سبعة شهور و نصف في سجن لاندزبرغ أصبح سكرتير هتلر الخاص و هو الذي حرر كتاب هتلر كفاحي و أخيراً أصبح نائب هتلر في الحزب النازي و ثالث قائد لألمانيا بعد هتلر وهيرمان غورينغ

الرحلة لبريطانيا:كان هس منزعجاً من الحرب مع بريطانيا و كان يتمنى ان يحرز نصراً ديبلوماسياً ساحقاً بتحقيق معاهدة سلام مع بريطانيا لتتفرغ ألمانيا لقتال الإتحاد السوفييتي. طار هس في ماي 1941 إلى بريطانيا لمقابلة دوق براندون و هاميلتون. في العاشر من مايو قفز هس بالمظلة من طائرة تابعةلسلاح الجو الألماني فوق بريطانيا و هبط بسلام (مع انه كسر كاحله). تم اعتقاله من قبل البريطانيين بسرعه، رغم أن كيفية حدوث ذلك يظل غامضا إلى الآن إلا أن السلطات البريطانية ربما ما زالت تحتفظ بوثائق تبين حقيقة ما حدث. متفاجئا بما حدث أمر هتلر بإعتقال كل موظفي هس و نشر نائبه قد أصابه الجنون و أنه قد تصرف من نفسه و عندما و صل الخبر لهس قال أن هذه قصه معدة مسبقاً كتغطية دبلوماسية للحدث.

محاكمته و سجنه :فى 20 نوفمبر اقتيد هيس لقاعة المحكمة في نورنبيرغ وجلس بين روبنتروب وزير خارجية النازى وجورينج, وفى 31 أغسطس 1946عقدت آخر جلسة لمحاكمة هيس وبعدها بأيام صدرت الأحكام المختلفة على قادة النازية وحكم على هيس بالسجن مدى الحياة.وقد جاء بحيثيات الحكم:إن المتهم رودلف هيس كان من المؤيدين النشطين للاستعدادات للحرب وهو الذى وقع قانون الخدمة العسكرية الإلزامية وأيد سياسة هتلر الرامية للتسلح المفزع وعلى الرغم من أنه أبدى رغبته متأخرآ فى السلام والدعوة للتعاون الدولى إلا أنه كان الوحيد بين جميع المتهمين الذى كان يعلم نوايا هتلر وخططه النازية المدمرة وهو الوحيد أيضآ الذى كان يدرك مدى تعصب هتلر وعنفه, لقد طار المتهم هيس إلى إنجلترا يحمل بعض مقترحات السلام , زاعمآ أن هتلر على إستعداد لقبولها

ولكن هناك ملاحظة تنطوى على دلائل كبيرة وهى أن هيس طار إلى إنجلترا قبل عشرة أيام فقط من الموعد الذى حدده هتلر للهجوم على روسياوهو 22 يونيو 1941 , أى أنـه كـان عـلى عـلم بكل تفاصيل الخطة, وإن المتهم تصرف أثناء المحاكمة بطريقة عادية وزعم أنه يعانى من فقدان الـذاكرة وربما يكون ذلك صحيحآ , ولكن لم تكن هناك أية دلائل على أنه مجنون جنونآ مطلقآ, أو أنه لايعى ما حوله أو أنه لايستطيع الدفاع عن نفسه , ولذلك فقد رأت المحكمة أن المتهم بـرىء مـن تهمتى جرائم الحرب وجرائم ضد الإنسانية , ومـذنب فى تهمتى التآمر وإرتكاب جـرائم ضـد الـسلام , وأصدرت الحكم عليه " بالسجن مدى الحياة"وإنتهت بذلك المسرحية الهزلية التى مثلها الحلفاء وسموها " محاكمات نورمبرج".

ورغما من أنه فى كل جلسات المحاكمة السابقة على جلسة الحكـم عليـه كـان يظل صـامتآ للنهاية ولا يتحدث لا بالدفاع عن نفسه ولا باتهام هتلر كما فعل جميع قادة النازى الذين حوكمـوا حيث إتفقوا جميعهم على خيانة الرايخ الثالث بعد موته ودأبوا على إلصاق التهم به، أنهم بريئون ومافعلوا ما فعلوه إلا لأنهم خافوا بطشه , على العكس منهم فعل هيس ففى آخر جلسة لمحاكمته وقف وانتصب بوقفة عسكرية مهيبة تليق بأى قائد عسكرى عظيم وقال" أنه يعلم تمام العلم أنهم قاتلوه لأن اليهود القذرون هم المحركون لكل الأحداث وانه يعلم بذلك وأنه لفخر له الآن أن يقف ليعلن على مرأى ومسمع الجميع أنه لم ولن يخن الفوهرر العظيم فى يوم ما حتى وفاته، وأنه كان من دواعى سروره وفخره وشرف له أنه خدم إلى جوار سيده العظيم وقائده الفوهرر. وأنه يعلنها على الملأ بأنه قد خدم قائده وزعيمه الفوهرر العظيم وبكل إخلاص وأنه لن يتنصل من ذلك أبدآ ولو كان الموت مصيره. وأعلن مرارآ من سجنه لعشاق النازيـة والمتحسريـن عـلى زوال أيام الـرايخ الثالث العظيمة أنه سوف يخرج وسوف يؤسس ويتزعم بعد خروجـه الـرايخ الرابـع وسـوف يعيـد مجد ألمانيا والألمان , إلا أنه لم يرَ النور بعد ذلك.

حقائق عن رودلف هيس:

1. رودلف هيس هو القائد النازى الوحيد من قادة الرايخ الثالث الذى لم يعلن تنصله من فترة الرايخ الثالث والنازية , ولم يعلن مهاجمته للفوهرر هتلر إطلاقآ _ باستثناء القائد جوبلز طبعآ الذى ظل على وفائه حتى آخرلحظة فى حياته أيضآ للفوهرر_ بل إنه حتى عند صدور الحكم عليه من محاكمة نورمبرج الشهيرة بسجنه مدى الحياة عام 1946بتهم الاشتراك فى الإعداد للحرب العالمية قد وقف وقال كلماته الشهيرة:"إننى سعيد لكونى أعرف الآن أنى قد أديت واجبى تجاه شعبى وواجبى كألمانى مخلص وكوطنى إشتراكى مطيع لقائدى العظيم, وإننى لست نادمآ على أى شيئ فعلته وإذا ما عادت الساعات للوراء فسوف أتصرف تمامآ كما تصرفت حتى ولوكانت نهايتى هى الإكتواء بالنيران حتى الموت."ورغمآ عن السنوات الطويلة التى قضاها هيس فى السجن _ سجن شباندوا _ إلا أنه لم ينطق بكلمة واحدة تنتقض هتلر فقد كان شديد الإخلاص للفوهرر بصمته هذا ولم يحدث مطلقآ منه أن قام بإفشاء سر من الأسرار التى إئتمنه عليها هتلر فى حياته وأثناء كفاحهما معآ.
2. إشترك مع الفوهرر وجورينج فى محاولة الإنقلاب التى جرت عام 1923 ضد الحكومة البافاريا فى ميونخ ,
3. هيس هو الذي اطلق على هتلر لقب الزعيم و اضفى عليه هالة الزعامة والقيادة وبسط تحية النازي العسكري المعقدة،
4. حادثة "انتحار"مستشار أدولف هتلر سابقا... المارشال هيرمان هيس فى زنزانته فى برلين تعد من العجائب اذ كيف تاتى له وقد تجاوز الثمانين ان يقوم بتحضير مشنقته... رغم وبعد انقضاء أربعون عاما على سجنه...

5.   كان هيس يعد اغلى سجين في (سجن سبانداو...بل وأغلى سجين في العالم... حيث كان

هو السجين الوحيد الذى تتناوب على حراسته إسبوعيا... كتيبتين من كل من أنجلـترا..

أمريكا.. فرنسا... روسيا...

انتحار الفوهرر
هتلر

طريقة الانتحار: السم والرصاص"السينايد والمسدس:

تاريخ الانتحار: 30 / 4 / 1945

سبب الانتحار: لحرمان الحلفاء من فرصةمحاكمته

كان هتلر قد اتخذ من قبو الفوهرر مقراً منذ 16 يناير 1945. وكانت ألمانيا النازية تنهار سريعاً تحت ضربات الحلفاء الذين يتقدمون من الشرق والغرب. وفي نهاية أبريل دخلت القوات السوفيتية برلين وكانت تشق طريقها إلى وسط المدينة حيث يوجد مقر المستشارية الألمانية. وفي 22 أبريل عانى هتلر مما وصفه بعض المؤرخين بانهيار عصبي خلال أحد الاجتماعات العسكرية لتقييم الحالة، وفي هذا الاجتماع اقر هتلر بأن الهزيمة قريبة وأن ألمانيا ستخسر الحرب. وصرح بأنه سينتحر وبعد ذلك سأل الدكتور فارنر هاسه عن طريقة جيدة للانتحار. واقترح هاسه تناول السيانيد ثم إطلاق النار على الرأس.

وحصل هتلر على كمية من كبسولات السيانيد عن طريق وحدات النخبة النازية. وفي هذه الأثناء في 28 أبريل، علم هتلر أن هاينريش هيملر يحاول التفاوض بدون علمه على اتفاقية سلام مع الحلفاء. واعتبر هتلر ذلك خيانة وبدأ يظهر علامات فرط الارتياب، فاظهر شكوكه في فاعلة كبسولات السيانيد التي استلمها من وحدات النخبة النازية التي يترأسها هيملر. وعندما علم بأن حليفه الإيطالي موسوليني قد أعدم قرر بألا يشاركه مصيره. وللتأكد من فاعلة كبسولات السيانيد أمر الدكتور هاسه بتجربتها على كلبته بلوندي ومات الكلب مثبتاً فاعلة الكبسولات.

وبعد منتصف ليل يوم 29 أبريل تزوج هتلر من إيفا براون في حفل صغير في غرفة الخرائط داخل قبو الفوهرر. وبعد أن تناول افطاراً خفيفاً مع زوجته الجديدة ذهب إلى غرفة أخرى مع سكيرتيرته تراودل يونغه وكتب وصيته الأخيرة. ثم وقع على وصيته في الرابعة صباحاً ثم رجع لغرفة نومه. (بعض المصادر تقول أن هتلر كتب وصيته قبل الزواج مباشرة، ولكن كل المصادر تتفق على وقت توقيعه الرابعة صباحاً).

وعاش هتلر وإيفا في القبو كزوجين لأقل من 40 ساعة فقط. وفي صباح 30 أبريل، كان السوفييت على بعد 500 متر من القبو، قابل هتلر اللواء هيلموت فايدلينغ قائد منطقة برلين الدفاعية الذي أخبر هتلر أن حامية برلين ستنفذ ذخيرتها هذه الليلة. وطلب فايدلينغ من هتلر السماح له بالهرب، وقد طلب فايدلينغ من هتلر من قبل السماح له ولكن هتلر رفض، ولم يرد عليه هتلر ثم ذهب فايدلينغ إلى مقر القيادة في مبنى البندلربلوك حيث جاءه رد هتلر الساعة الواحدة ظهراً بالسماح له بالهرب هذه الليلة وتناول هتلر عشاءاً خفيفاً من مكرونة اسباغيتي بالصلصة مع اثنين من سكيرتيراته والطباخ ثم لف هتلر وزوجته إيفا على سكان القبو وتمنيا لهم حظاً سعيداً وكان من ضمن سكان القبو عائلة جوزيف غوبلز، بورمان،

السكيرتيرات والعديد من ضباط الجيش. وفي حوالى الساعة الثانية والنصف ظهراً دخل الزوجان حجرة مكتب هتلر الشخصية.وقال بعض الشهود بأنهم سمعوا صوت طلقة مسدس حوالى الساعة الثالثة والنصف عصراً (وقيل أن الابن الأصغر لغوبلز قال "أُصيب الهدف!" أو "إصابة مباشرة!" معتقداً إنها قنبلة سقطت على رؤوسهم). وبعد دقائق قليلة، فتح خادم هتلر هاينز لينغه ومعه بورمان باب الغرفة الصغيرة. وقد قال لينغه بعد ذلك أنه شم رائحة لوز محترق التي تميز حمض البروسيك، وهو الصورة الغازية للسيانيد. وكان الزوجان جالسان على أريكة صغيرة، إيفا على اليسار وهتلر على يمينها. وكان جسد إيفا مائلاً بعيداً عن هتلر. وكان واضحاً أن هتلر قد أطلق النار على الجانب الأيمن من رأسه (وكان هناك جرح ناتج من خروج الرصاصة من يسار رأسه مائل ناحية الأعلى) وكان يوجد مسدس فالتر عيار 7.65 مل تحت قدميه. وكانت الدماء تسيل من جانب رأسه وذقنه وصبغت الدماء الذراع الأيمن للأريكة وكانت تتساقط على السجادة/أرضية الغرفة. ولم يكن لدى إيفا أي جروح ورجح لينغه إنها سممت نفسها.

وقال العديد من الشهود أن الجثتين حملتا إلى خارج القبو على الدور الأرضي فوق الأرض عبر مخرج الطوارئ إلى حديقة صغيرة تم قصفها وراء مقر المستشارية حيث تم رشهما بالنفط وحرقهما بواسطة لينغه وعناصر الحرس الخاص بهتلر. ولكن لم تحترق الجثتين تماماً عندما باغت القصف السوفيتي على القبو لينغه وحرس هتلر مما جعل محاولتهم لحرق الجثة مرة أخرى مستحيلة وتم تغطية بقايا الجثتين داخل فجوة ضحلة في الساعة السادسة مساءاً.

إلقاء الرماد في نهر إلبو

قام الصحفي السوفيتي ليف بيزمينسكي بنشر تقرير تشريح جثتي هتلر وإيفا عام 1969 وعلى الرغم من نشر هذا التقرير في الغرب، إلا أن المؤرخين الغربيين لم يصدقوه لأنهم اعتبروه محاولة سوفيتية لدس معلومات مغلوطة. ولكن في عام 1993 نشرت الكي جي بي التقرير علانية ومعه العديد من شهادات أعضاء المخابرات السوفيتية. ومن هذه الوثائق السوفيتية، توصل المؤرخون إلى اتفاق على ماحدث لجثتي هتلر وإيفا.

بدأ جنود الجيش الأحمر اقتحام مقر المستشارية حوالي الساعة الحادية عشرـ مساءاً، بعد حوالي سبع ساعات ونصف من موت هتلر. وفي يوم 2 مايو،اكتشف إيفان تشوراكوف من الفيلق التاسع والسبعين بقايا جثث هتلر، إيفا وكلبين (يُعتقد أنهما لبلوندي وجروها الصغير وولف) في حفرة قذيفة. وكان يُصاحب هذا الفيلق وحدة من مخابرات المضادة لديهم أوامر بالبحث عن جثة هتلر.

وفي تقرير التشريح كتب أنه يوجد تدمير في جمجمة هتلر ناتج عن رصاصة بالإضافة إلى قطع من الزجاج في ذقنه، وقد تم دفن وإخراج بقايا الجثتين عدة مرات بواسطة وحدة المخابرات المضادة خلال انتقال الوحدة من برلين إلى منشأة جديدة في ماغديبورغ حيث تم دفنهما نهائياً (ومعهما البقايا المتفحمة لوزير الدعاية غوبلز وزوجته ماغدا واطفاله الستة) في قبر بدون شاهد في القسم الممهد من الفناء الرئيسي للمنشأة وظل مكان الجثث في طي الكتمان.وبحلول عام 1970، اتفق على تسليم منشأة المخابرات المضادة إلى حكومة ألمانيا الشرقية. وخوفاً من تحول مقبرة هتلر إلى مزار للنازيين الجدد، أمر مدير الكي جي بي يوري أندروبوف بتنفيذ عملية خاصة لتدمير بقايا الجثث. وفي 4 ابريل عام 1970 قام فريق من الكي جي بي بإخراج الجثث سراً وتم إحراقها تماماً قبل أن يرموا رمادها في نهر إلبو.

انتحار رئيس الجستابو الهتلري

طريقة الانتحار: السم:

تاريخ الانتحار: 23 / 5 / 1945

سبب الانتحار: لحرمان الحلفاء من فرصةمحاكمته

هينريك هيملر (7 أكتوبر 1900 إلى 23 مايو 1945 - (من أقوى رجال ادولف هتلر وأكثرهم شراسة. قاد فرقة القـوات الخاصـة الألمانيـة والبوليـس السري المعـروف بالجيسـتابو وأشرف عـلى عمليات إبادة المدنيين في معسكرات الموت الألمانية.

وُلد بالقرب من مدينة ميونخ لعائلة متوسطة الدخل. التحق هيملر بالفوج البافاري الحادي عشر ولم تسجّل له أحداث عسكرية تذكر. وبعد الحرب العالمية الاولى، انضم لأحد الكتائب اليمينية المتطرفة والتي كانت ممتعضة من خسارة ألمانيا للحرب وقرروا الـدفاع عـن الحـدود الألمانيـة مـن انتهاكات الجيش الأحمر والعمل على إجهاض أي تحركات شيوعية من داخل ألمانيا. وفي عـام 1923، انضم هيملر

للحزب النازي المتطرف وأوكل اليه هتلر قيادة القوات الخاصة المعنية بحمايته الشخصية ."SS" وبتعيينه قائداً للقوات الخاصة، طوّر هيملر القوات الخاصة بشكل جيّد حتى أصبحت من أفضل الميليشيات المدربة عسكرياً .وفي الوقت الذي كان يتروواح عدد القوات الخاصة 280 عنصر في عام 1929، وصل مجموع عناصر القوات الخاصة إلى 52،000 عام 1933. وكان هيملر يقوم على فحص كل طلب التحاق في القوات الخاصة على حدة للتأكد من نقاء دم المتقدم للطلب حيث لم يرضى هتلر بعناصر القوات الخاصة الغير منتمين للعرق الآري.

ولم تكن القوات الخاصة "SS" هي الأكبر في الجيش الألماني، فقد سبقها في الحجم والقوة الكتيبة الضاربة والمعروفة بـ ."SA" ووُفق هيملر بالتعاون مع "هيرمان غورينغ"، الأب الروحي للجيستابو من إقناع هتلر من الخطر الذي يمثله تنامي قوة الـ "SA" واحتمال استعمال ال "SA" للإطاحة بهتلر ونظامه. اقتنع هتلر بخطر "رويهم"، قائد الـ "SA" ووافق على تصفيته جسدياً وهذا ما تم على يد هيملر وغورينغ. أصبحت الساحة شاغرة لهيملر وأصبح الرجل الأوحد فيما يتعلق بالأجهزة الأمنية للرايخ الثالث. بل وعظمت قوة هيملر عندما آل جهاز البوليس السري، الجيستابو تحت إمرته.

هينريك هيملر ينتحر بالسم.

وبنهاية الحرب، حاول هيملر الهروب من قبضة الحلفاء متنكراً ولكن القوات البريطانية ألقت القبض عليه في مدينة "بريمين" الألمانية في 22 مايو 1945 وكان من المقرر إرساله إلى قاعة المحكمة في نوريمبرغ ليحاكم مع باقي أفراد الحزب النازي ولكنه تجرّع السم ومات.

الجيستابو:

والحديث عن هيملر يجر المرء الى الحديث عن الجستابو الذي كان اشؤس جهاز مخابرات في العالم ولازال يضرب به المثل، والسب هو ان هيملر بعد ان ترأس هذا الجهاز اصبح اقوى رجل في المانيا بعد الفوهرر.

الجيستابو او البوليس السري الألمانيG.E.S.T.A.P.O و الجستابو هي كلمة مأخوذة من Geheime Staatspolizeiاو شرطة الدولة السرية و هو أكثر اجهزة الأمن الالمانية شهرة و سرية و قد كان المسئول عن العديد من عمليات الإغتيال و التدمير للملايين خلال فترة الحكم النازي وأسس لحماية الدولة الألمانية والحزب النازي. وقد تم تأسيس البوليس السري في 26 ابريل1933 في بروسيا.

أسسه النازي "هيرمان غورينغ" وقام على إعداده نخبة من ضباط الشرطة المحترفين بعد سيطة ادولف هتلر على زمام الأمور في ألمانيا النازية في مارس1933.

وتمحور دور البوليس السري على حماية الدولة وتشكيل قوة ضاربة لما يتربص بالدولة من أعمال تخريب، تجسس، أو خيانة. وتم تغيير القانون الألماني بصورة تجعل الجيستابو يتحرك بصورة حرة وبعيداً عن المساءلة القانونية.

وكما وصف قاض الماني افعال الجيستابو بالتالي "طالما تتحرك الجيستابو بمشيئة الحزب، فإن حركات الجيستابو وأفعاله قانونية".

ونص القانون الألماني نصاً صريحاً بإعفاء الجيستابو من المثول أمام المحاكم الألمانية مما حال بين المواطنين المدنيين ووصول شكواهم إلى القضاء الألماني.

ولعل من أهم صور تعسف الجيستابو يتمثل في سلطة الجهاز السري في احتجاز الأشخاص بدون دعوى قضائية. وكان الشخص المحجوز يقوم على التوقيع على ورقة تخوّل الجيستابو على احتجازه وينتزع هذا التخويل من الأشخاص عادة عن طريق التعذيب الجسدي.

وفي عام 1934، تعرّض غورنغ لضغوط من قبل هينريك هيملر لضم الجيستابو تحت لواء الأخير مما قوّى من شوكة هيملر لأبعد الحدود.

وخلال الحرب العالمية الثانية، بلغ عدد العاملين في جهاز البوليس السري إلى 45,000 فرد. وعمل أفراد الجهاز خلال الأراضي التي احتلتها ألمانيا خلال الحرب العالمية الثانية وساهموا في التعرف على الشيوعيين، اليهود، والمثليين والعمل على تهجيرهم قسرياً إلى معسكرات الاعتقال ثم القضاء عليهم. وخلال محاكم نورمبرغ، تمت ادانة جهاز الجيستابو بالجرائم الفظيعة التي ارتكبها الجهاز في حق البشرية.

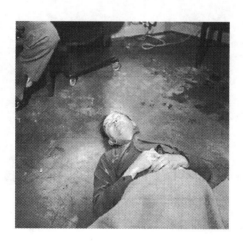

انتحار الممثل الأسترالي
هيث ليدجر

طريقة الانتحار: الافراط في استخدام الحبوب المنومة

تاريخ الانتحار: 24-1-2008،

سبب الانتحار: الاكتئاب بسبب انفصاله عن زوجته

اعلنت الشرطة الاميركية انها عثرت على الممثل الاسترالي هيث ليدجر (28 عاما) احد بطلي فيلم «بروكباك ماونتن» ميتا في نيويورك. واوضحت الشرطة لوكالة فرانس برس انها عثرت على الممثل الشاب ميتا «في منزله في 421 برومي ستريت

جنوب مانهاتن». واضافت «لا نعرف سبب وفاته».وقالت الشرطة إن مديرة المنزل عثرت على جثة الممثل عندما وصل مدلك من أجل القيام بعملية تدليك له. وقال المتحدث باسم الشرطة ان «تحقيقا فتح لمعرفة التفاصيل». وتابعت الشرطة انها عثرت في الشقة على ادوية منومة، مشيرة الى ان هذا يعزز فرضية الانتحار او الافراط في استخدام ادوية. وذكرت تقارير أن الممثل الاسترالي الأصل كان يمر بظروف نفسية صعبة منذ انفصاله عن الممثلة ميشيل ويليامز التي أنجب منها ابنة تدعى ماتيلدا في عام 2005. فيما أشارت تقارير إخبارية إلى أنه كان مدمنا للهيروين.وقال أحد أصدقاء ليدجر المقربين «إنه شيء مريع، إنني مصدوم.. ولكن لنقل الحقيقة إننا كنا نرى أن ذلك سيحدث، فقد مضى هيث في طريق وعر من أجل محاولة التوقف عن إدمان الهيروين. كانت سعادته فقط تكمن في ماتيلدا، أما كل شيء آخر في حياته فكان يصيبه بالتعاسة».يذكر أن ليدجر كان قد رشح للفوز بجائزة الأوسكار عن دوره في فيلم «بروكباك ماونتن» (جبل بروكباك)، كما قام ببطولة عدة أفلام مثل «مونسترز بول» و«نيتس تايل» و«الإخوة جريم» و«عشرة أشياء أكرهها فيك». وولد الممثل الراحل في إبريل (نيسان) 1979 في بيرث باستراليا. وبدأ نجمه يبزغ على الساحة العالمية بعد مشاركته في فيلم «عشرة أشياء أكرهها فيك». وفي عام 2001 نال جائزة أحسن ممثل واعد. ولكن عمله الأشهر كان «جبل بروكباك» الذي يروي قصة حياة اثنين من رعاة البقر اللذين يحاولان التأقلم مع كونهما مثليين. «الشرق الاوسط».

انتحار الفيلد المارشال الالماني
"هيرمان جورنج"

طريقة الانتحار: سم السيانايد أسرع أنواع السموم فتكاً

تاريخ الانتحار: 1946/5/5

سبب الانتحار: رفض الاعدام شنقا لأنه كـان يبغـي الاعـدام رميـا بالرصـاص صيانة لشرفة العسكري.

كان المارشال "هيرمان جورنج" قائدًا لسلاح الجو ورئيسًا لمجلس الـدفاع الألمـاني وأبـرز قائـد نازي بعد "هتلر"، خـلال الحـرب العالميـة الأولى تـولى "جـورنج" قيـادة السـيرك الطـائر، وبتسـجيله عشرين نصرًا في المعارك الجوية وبحصوله على أرفع وسام ألماني أثبت "جورنج" أنه طيار ماهر وقائد حازم.

وبعد استسلام ألمانيا عام 18 انضم "جورنج" إلى مجموعة العسكرية قومية ثم إلى الحزب النازي الجديد عام 22، وعند تشكيل الحكومة النازية عام 33 عين وزيرًا للداخلية في منطقة "بروسيا"، وكان هو من نظم أول معسكرات الاعتقال وقاد قوات "الجستابو" أي الشرطة السرية.

وفي عام 33 عين "جورنج" أيضًا وزيرًا للطيران وسيطر بذلك على سلاح الجو الألماني الذي كان سريًا في ذلك الوقت، وقد أصبح قائده عند تشكيله رسميًا عام 35، وعين "جورنج" مراقبًا للخطة الاقتصادية الألمانية للسنوات الأربع التي وضعت من أجل إعداد البلاد للحرب، لقد أوجد "جورنج" سلاحًا جويًا هو الأقوى في العالم آنذاك ومع ذلك فقد كان ينقصه بعد نظر ليضمن استمرار تطوره، مما مكن الحلفاء من التغلب على هذا التفوق الألماني تدريجيًا.

ورغم وعد "جورنج" لـ"هتلر" إلا أن سلاح الجو الألماني لم ينجح في تدمير قوات الحلفاء التي حوصرت في "دانكيرك" وفي معركة بريطانيا كان لأوامر "جورنج" بأن تبقى الطائرات المقاتلة الألمانية في جميع الأوقات على مقربة من تشكيلات قاذفات القنابل أثر كبير جدًا في الحد من فعالية طائرات "ميسر شميت" وأخفق "جورنج" أيضًا في إدراك أهمية دور الرادار فامتنع عن تدمير شبكة الرادار البريطانية، وأثناء معركة "ستالين جراد" أخفق "جورنج" مرة أخرى بالوفاء لوعده لـ"هتلر" فلم يصل جسر الإمداد الجوي لتزويد الجيش السادس المحاصر إلى المستويات المطلوبة. ورغم خسارته دعم "هتلر" إلا أن "جورنج" ظل مخلصًا له، وفي نيسان أبريل عام 45 بعث برسالة إلى مقر "هتلر" في برلين يؤكد له فيها على ولائه ويعلمه بأنه كان مستعدًا لتولي القيادة إذا لم يتلق تأكيدات على أن الزعيم ما يزال على قيد الحياة، فاعتقد "هتلر" على الفعل بأن "جورنج" ينوي إزاحته عن السلطة والحلول مكانه فطرده من الحزب وأمر باعتقاله. إلا أن "جورنج" وقع في أسر القوات الأميركية واتهم بارتكاب جرائم حرب خلال محاكمات "نوران بيرج" حيث أظهر دفاعه عن نفسه بثقة وبوضوح قدراته ومهاراته التي قادته في ترقيات سريعة حتى وصل إلى

قمة الهرم النازي، ولم تستطع الحجج التي ساقها أن تحول دون صدور حكم بإعدامه، إلا أن المارشال الألماني نجح بالفرار من حبل المشنقة فعشية يوم إعدامه أقدم "جورنج" على الانتحار.

ويقال انه حين ألقي القبض على مارشال الجو النازي "هيرمان جورنج"، قال له ضابط الاتصالات اليهودي النمساوي "جيلبرت": ما تقول فيما أنت عليه؟ وبماذا تجيب عن لائحة الاتهامات ضدك؟ وكانت القائمة طويلة، تولت توجيهها أربعة فرق من روسيا وبريطانيا وفرنسا والولايات المتحدة؟ أمسك "جورنج" القلم وكتب جملة واحدة فقط، وهي تكرار جملة الفيلسوف اليوناني "هيرقليطس" عن الحرب والأقدار: "حين تنتهي المعركة فيهزم من يهزم، وينتصر من ينتصر- يصبحان فريقين: المهزوم يكون فيها المتهم. والمنتصر هو القاضي..". والويل للمغلوب..

وجدير بالذكر ان جورنج -وعلى عكس باقي قادة النازية الذين حاولوا أن يتنصلوا من المسئولية بقول أنهم كانوا منفذين للأوامر وبدوا في حال من الوهن والضعف تحت الضغط يكاد يثير الشفقة, - حافظ على ثباته وتحمل مسئولية الوصول إلى الحكم وما دار في الحرب وانكر معرفته بالتعذيب وزج الملايين في المعتقلات ورغم أن دفاعه عن نفسه كان مهترئا ومليئا بالثغرات, إلا أن ثباته ورباطة جأشه جعلت منه النجم المأساوي لهذه المحاكمات وكان الحكم كما هو المتوقع الاعدام شنقا وهو ما رفضه جورنج لأنه كان يبغي الاعدام رميا بالرصاص صيانة لشرفة العسكري(الذي لم يعمل هو على حمايته) فقتل نفسه بالسم قبل التنفيذ بساعات. ولعل ما أبقي جورنج رابط الجاش حتي النهاية ايمانه الشديد بأن التاريخ سينصفه وسيكون رحيما به بل وصل به الأمر إلي الاعتقاد الجازم بأن الشعب الألماني سيقيم له ولزملائه نصبا تذكاريا.

ويقول... الدكتور أسعد الأمارة في كتابه سيكولوجية الشخصية"والمارشال النازي (هيرمان جورنج) الذي كان طيارا جريئا، كانت له حديقة حيوان خاصة به

واحتوت على الحيوانات المفترسه التي كان يربيها لديه، وكان المذكور يأكل ويشرب بطريقة غريبـة ويحب الخيلاء والزهو ولم يكن لديه اي ضمير، فكان يطلب من جنوده ان يطلقوا النار حسب امره اولا ثم يستفسروا عن السبب فيما بعد، وكان يعتقد ان واجبه يكمن في القتل والابـادة وهـو الـذي ادخل فكرة الاعتقال ويرجع اليه الفضل في الكثير من الاعمال البربرية واللاانسانية الاخرى".

انتحار الشاعرالالماني
هينريش فون كلايست

طريقة الانتحار: الرصاص من مسدس

تاريخ الانتحار: تشرين الثاني 1811

سبب الانتحار: باليأس

ينحدر هاينريش فون كلايست من عائلة معظمها أفرادها ضباط في الجيش، وكان لها مكانة بارزة. وبعد وفاة الأب في عام 1788 تمت تربية هاينريش على نفقة الواعظ الإصلاحي ساموبل هاينريش كاتل Catel في برلين.

ووفق تقاليد العائلة فقد التحق كلايست الشاب في يونيو 1792 بكتيبة الحرس في بوتسدام، واشترك مع آخرين في حملة الراين ضد فرنسا، وكذلك في حصار أول جمهورية وطنية ألمانية على الأرض الألمانية في ماينتس. وفي بداية عام 1795 أصاب كلايست اليأس والإحباط من الحياة العسكرية. لكنه ظل في الجيش وتمت ترقيته في عام 1759 إلى رتبة حامل راية ثم في عام 1797 إلى رتبة نقيب..

وفي مارس من عام 1799 عبر عن رغبته في ترك الحياة العسكرية التي أصبت روحه بالسأم والمرارة، وعن عزمه على تكوين شخصية فكرية له والبدء في

دراسات علمية، لا المضي في حياة الثراء والمجد والشرف الزائفين، رغم المعارضة المتوقعة من الأسرة.

الدراسة والوظيفة الأولى (1799 - 1801)

بعد تركه الاختياري للسلك العسكري بدأ كلايست في أبريل 1799 في فرانكفورت على الأودر في دراسة الفيزياء والرياضيات وتاريخ الفن واللغة اللاتينية وكذلك دراسة علوم السياسة والاقتصاد -لإرضاء عائلته-. وقد اهتم بشكل خاص بدرس الفيزياء لدى البروفيسور كريستيان إرنست فونش، والذي كان يعطيه درسا خصوصيا في الفيزياء التجريبية. غير أن الدراسة التي بدأها مفعما بالأمل سرعان ما أصابته بالسأم وعدم الرضى، فلم تكن المعرفة التي في صفحات الكتب كافية لإشباع طموحه. وبهذا الموقف فقد رأى كلايست أن العالم المحيط به يفتقد إلى العقل. وفي عام 1799 تعرف على ابنة جنرال وهي فيلهلمينه فون تسينجه Wilhelmine von Zenge، وخطبها في بداية 1800.

وفي عام 1800 قطع كلايست دراسته بعد ثلاثة فصول دراسية، وبدأ العمل كمتطوع في وزارة الاقتصاد البروسية في برلين، رغم ان ذلك لم يكن موافقا للمنهج الذي رسمه لحياته وبعيدا عن الحياة الفكرية. وكان السبب في قراره هو خطبته. فقد أرادت عائلة الخطيبة أن يتقلد كلايست منصبا في الحكومة. وكلف كلايست في صيف 1800 من قبل الوزارة في مهمة سرية - غالبا كانت جاسوسا اقتصاديا-.

وفي خطاب شهير إلى فيلهلمينه بتاريخ 22 مارس 1801 يقول كلايست: "لا نستطيع أن نقرر ما إذا كانت ما نسميها الحقيقة حقيقة فعلا أم أنها تبدو لنا كذلك. إن هدفي الوحيد الأسمى قد تلاشى، لم يعد لدي شيء".

ويعترف كلايست بوضوح في الرسائل التي كتبها بتاريخ 22 مارس 1801، بأنه "قد كان قد أعرض عن العلوم قبل شهور من ما سمي بأزمة كانت، ليس لأن

الشك أصابه بشكل جذري من إمكانيات الوصول إلى المعرفة الحقيقية، بل لأن الاشتغال بالعلوم كان قد فقد جاذبيته بالنسبة له".

وقد حاول كلايست أن يتجاوز أزمته النفسية والفلسفية تلك برحلة إلى باريس.

في ربيع عام 1801 قام كلايست بالسفر برفقة أخته أولريكه عبر دريسدن إلى باريس. وفي المدينة التي كان كلايست يرى أنها بلا أخلاق، وذلك من خلال مطالعاته لكتابات التنويريين الفرنسيين (هيلفيتيوس وفولتير وجان جاك روسو). وغير مرة فقد تناول كلايست تجاربه المحبطة كيأس من وضوح العقل ومن الإرادة التاريخية. ومن خلال مطالعته لكتابات روسو قرر كلايست أن يحيا حياة ريفية: "زراعة حقل وغرس شجرة و إنجاب طفل"(من خطاب إلى فيلهلمينه بعنوان 10 أكتوبر 1801).

وفي أبريل 1802 سكن في جزيرة تقع في نهر آري Aare قرب تون في سويسرا. وحدث الشقاق بينه وبين فيلهلمينه التي لم تكت ترغب في العيش حياة الريف وفق تصوراته. وكان يكتب في ذلك الوقت في مسرحية مأساوية بعنوان "عائلة شروفنشتاين" والتي كان قد بدأ كتابتها في باريس بعنوان "عائلة جونوريتس"، وواصل الكتابة في مسريحة "روبرت جويسكارد دوق النورمانديين" المأساوية. وبدأ في كتابة مسرحيته الهزلية "الجرة المكسورة".

وفي ربيع عام 1803 عاد كلايست إلى ألمانيا. وفي دريسدن تعرف ضمن آخرين على فريدريش دو لا موت فوكيه، والتقى بصديق شبابه إرنست فون بفويل مرة أخرى. وبرفقة بفويل سافر كلايست غير مرة إلى باريس. وهناك قام بإحراق الجزء الذي أتمه من "جويسكارد" في يأس من إمكانية تحقيق تصوراته. "السماء تحرمني المجد أكبر النعم الأرضية" (من خطاب إلى أولريكه بتاريخ 26 أكتوبر 1803). وهناك قرر كلايست الالتحاق بالجيش الفرنسي في الحرب ضد إنجلترا،

لكي يموت في المعركة. غير أن أحد أقربائه أقنعه بالعدول عـن ذلـك والعـودة إلـى بوتسدام. وفي ديسمبر 1803 كان كلايست في برلين، وقدم طلبا لوظيفة في السلك الدبلوماسي.

وفي أغسطس 1806 شارك كلايست صديقه رولـه فـون ليلينشـتيرن عزمـه عـلى تـرك الخدمـة الحكومية، والتعيش من الأعمال المسرحية. وفي الطريق إلى برلين ألقت السلطات الفرنسية القبض على كلايست ورفيقه في يناير 1807، باعتبارهما جاسوسين محتملين، ونقلا إلى حصن دو جوس Fort de Joux بالقرب من بونتارلييه، ثم إلى معسكر أسرى الحرب شالون سور مارن Châlons-sur-Marne. وهناك كتب على الأرجح أقصوصة "ماركيز فـون أو..." .Die Marquise von O، وواصـل العمـل في مسرحية بينتيزيليا.

دريسدن (1807 - 1809)

بعد إخلاء سبيله سافر عبر بـرلين إلى دريسدن (نهاية أغسطس 1807) حيـث تعـرف عـلى صديق شيلر كريستيان جوتفريد كورنر والرومانتيكيين لـودفيج تيـك وجوتهيلـف هـاينريش فـون شوبرت وكاسبر ديفيد فريدريش وخاصة فيلسوف التاريخ والدولة آدم هـاينريش ميلـر وكـذلك المؤرخ فريدريش كريستوف دالمان. وأصدر بالاشتراك مع ميلر في يناير 1808 صحيفة Phöbus الفنية. وصدر العدد الأول وبه مقال بعنوان "قطعـة مـن التراجيديـا بينتيزيليـا" وأرسـلها إلى عديـدين مـن بينهم جوته، الذي أعرب عن تعجبه وعدم فهمه في خطاب مكتوب إليه.

وفي ديسمبر 1808 أتم كلايست تحت تـأثير المقاومـة الإسبانية لنابليون، واحتلال بروسيا وبدايات الكفاح النمساوي من أجل الحريـة، مسرحية "مذبحـة هيرمان" .Die Hermannsschlacht واستمد كلايست مادة المسرحية من حكايـة أرمينيـوس التي وجـدت في الأدب الألمـاني منـذ القرن السادس عشر، وفي صلبها معركة فاروس Varusschlacht، والتي وقعت في خريف العام التاسع قبـل الميلاد

حيث هزمت ثلاث فيالق من الجيش الروماني هزيمة ساحقة أمام الجيش الجرماني بقيادة أرمينيوس.

وفي برلين كان كلايست على علاقة بالعديدين ومن بينهم أخيم فون أرنيم وكليمنس برينتانو ويوزف فون أيشندورف وفيلهلم جريم وكارل أوجوست فارنهاجن فون إنزه وراحيل فارنهاجن. وضمن هذه الدائرة كان كلايست عضوا أيضا في جمعية المائدة المسيحية الألمانية Tischgesellschaft. وفي أبريل 1810 صدر الجزء الاول من قصصه (ميشائيل كولهاس وماركيزة فون أو... و الزلزال الذي حدث في تشيلي) وفي سبتمبر صدرت قصة Das Käthchen von Heilbronn، وقد رفض إفلاند Iffland مدير مسرح برلين إخراجها وعرضها على المسرح.

وبعد أن فشل كلايست في الحصول على وظيفة في الحكومة البروسية، ومنعت مسرحيته "أمير فون هومبورج" من العرض حتى عام 1814 من خلال قرار لفيلهلم الثالث، ازداد في تلك الفترة إحساسه باليأس فقد وصف نفسه بأنه "جريح لدرجة أنني حين أخرج وجهي من النافذة فإن ضوء النهار يؤلمني وهو يسطع على". (من خطاب إلى ماري فون كلايست بتاريخ نوفمبر 1811). وازداد أفكاره في الانتحار. وبحث فوجد رفيقة لهذا الطريق وهي هنريته فوجل التي كانت مصابة بالسرطان. كان (هاينريش فون كلايست) طوال ثمان سنوات في صراع مع نفسه، فتش عن المكان المناسب وتحرى عن الطريقة الناجحة، وفي تشرين الثاني 1811 نفذ القرار. بيد انه لم يكن راغباً بالرحيل وحيداً فاصطحب معه (هنريتا فوجل) المصابة بداء السرطان لترافقه الى الدار الآخرة. لقد اتخذا الاستعدادات الخيرة معاً (للرحلة الاستكشافية الكبرى) وكانا فرحين بذلك كما لو لم يكونا فرحين من قبل. وامتدحت هنريتا مهارة رفيقها كلايست في الرماية. وفي رسالة الوداع التي كتبها الأديب البالغ من العمر خمساً وثلاثين سنة، قال: (الله وحده يعلم أي مشاعر غريبة تعترينا في هذه الساعة، انها مزيج من الأسف والسرور لارتفاع روحينا

كمنطادين في الهواء!) لقد تصرف بدقة ظاهرة؛ سدد ديونه ودفع أجرة سكنه لصاحبة السكن مع هدية صغيرة. وفي مساء يوم 21 تشرين الثاني صحب هنريتا فولج الى مطعم قريب من ساحل البحر وتناولا العشاء الاخير. وفي عتمة الليل سمعت اطلاقتي مسدس قرب الشاطئ. من أعماله:

1. روبرت جويسكارد
2. عائلة شروفنشتاين
3. الجرة المكسورة
4. أمفيتريون
5. الزلزال الذي حدث في تشيلي،
6. ماركيزة فون أو... مذبحة هرمان،
7. بينتيزيليا،
8. كيشتن فون هايلبرون
9. ميشائيل كولهاس،
10. حول مسرح العرائسا
11. لأمير فريدريش فون هومبورج

انتحار الامبرطور
نيرون

طريقة الانتحار: الطعن بالحربة"

تاريخ الانتحار: حزيران / 68م

سبب الانتحار: الخوف من القتل على يد الشعب.

ولد نيرون عام 37م بأنتيوم ووالده هو جناوس دوميتيوس أهينوباريوس كان من طبقة النبلاء بروما أما والدته فهي أجربينا الصغرى حفيدة الإمبراطور أوغسطس، والتي من الممكن أن يكون نيرون قد ورث عنها ميوله الوحشية.

توفي والده عندما كان نيرون ما يزال طفلاً صغيراً فقامت والدته بالزواج من الإمبراطور كلوديوس عام 49م، وبعد زواج أجربينا وكلوديوس قام الأخير بتبني نيرون فجعله كابن له وأطلق عليه اسم نيرون كلوديوس دوق جرمانكوس، كما تزوج نيرون من أوكتافيا ابنة كلوديوس.

نيرون إمبراطورا

صعد نيرون إلي عرش روما وهو في الخامسة عشر من عمره، وبدأ منذ هذه اللحظة سلسلة من الأحداث المتتابعة فلم يصعد نيرون إلى العرش لأنه يستحقه أو

لأنه ابن للإمبراطور السابق، بل قامت والدته بدس السم لكلوديوس لكي يعتلي ابنها العرش.

كانت السنوات الأولى التي أعتلى فيها نيرون عرش الإمبراطورية الرومانية سنوات معتدلة تميزت بالاستقرار النسبي، وقد أرجع البعض هذا نظراً لوجود معلمه " سينيكا" بجواره يوجهه ويرشده، هذا المعلم الذي اعتنى بالقيم والأخلاق وترويض النفس، ولكن دوام الحال من المحال فما لبث أن قام نيرون بإتباع أساليب عديدة من العنف والجور والظلم لأبناء شعبه فقتل وعذب وقهر.

تساقط القتلى

تبع صعود نيرون إلى عرش الحكم تحوله إلى الظلم والقهر، وبدأت معاناة الشعب ولم يقتصر هذا على الشعب فقط بل امتدت يده لتبطش بأقرب الناس إليه فقتل أمه ومعلمه "سينيكا" كما قتل زوجته أوكتافيا، وأخاه، وانتقلت يده لتقتل بولس وبطرس الرسولين المسيحيين زيادة في بطشه وظلمه وطغيانه.

قيل في إحدى الروايات عن قتله لزوجته أوكتافيا أنه عندما كان يؤدي دوراً في مسرحية وكان يمسك بيده صولجاناً فسقط من يده، وقامت زوجته بمدح أدائه في المسرحية ولكنها علقت بقولها " ولكن لو أنك لم تسقط الصولجان" وكانت هذه الجملة هي نهاية أوكتافيا فبادر نيرون بقتلها، وكانت المسكينة أوكتافيا عبرة لغيرها فلم يستطع أحد بعدها أن ينتقد أي عمل يقوم به نيرون.

وعن السبب الذي دفعه لقتل معلمه قيل أن " سينيكا" كان فيلسوف روماني شهير له شعبيته بين الشعب وكان المعلم الخاص لنيرون ومستشاره المخلص فعمل على تقويمه وكبح جماح وحشيته، ولكن التف المرابون حول نيرون وتحولت أخلاقه من سيء إلى أسوء، فأكثر "سينيكا" من توبيخه محاولاً تعديله وتقويمه دون فائدة، وفي النهاية ضاق نيرون بمعلمه ونصائحه المستمرة له، كما أوشى له البعض بضرورة التخلص من "سينيكا" خاصة لما كان له من تأثير قوي على الشعب الذي كان يلتف

حوله فوجب إسكاته، وبالفعل عقد نيرون العزم على قتله ولما علم "سينيكا" بهذا فضـل أن يقتـل نفسه على أن يتم قتله على يد هذا الطاغية.

حريق روما

جاء انتشار الديانة المسيحية في روما لتكون سبباً أخر في زيـادة ظلـم نـيرون، خاصـة عنـدما وجد أن كثير من الشعب قد دخل إلى المسيحية، وجاء التاريخ ليدون واحدة من أبشع الجرائم التي ارتكبت فيه وهي حريق روما الشهير عام 64م، حيث عمـل عـلى زيـادة تعذيب الشعب وجـاءت أبشع صور طغيانه لتضيف جريمة جديدة لتلك التي فعلها في حياته حيث قام بإشعال النار في روما وجلس متفرجاً، متغنياً بأشعار هوميروس ومستعيداً لأحداث طروادة، وانتشرت النـيران في أرجـاء روما واستمرت مندلعة لأكثر من أسبوع حاصدة معها أرواح البشر من رجال ونسـاء وأطفـال، كـما زاد في جوره وطغيانه للمسيحيين ولم يترك أي وسيلة لتعذيبهم إلا وفعلها.

بعد حريق روما وتصاعد النبرة الغاضبة الكارهة له سواء من شعبه أو من باقي ملوك أوربا، مشيرة إلى أنه السبب وراء هذا الحريق الهائل، عمد إلى إيجاد ضـحية جديدة ليفتـدي بهـا نفسـه فكان عليه أن يختار ما بين اليهود والمسيحيين، وبما أن اليهود كانوا تحت حماية بوبياسبينا إحـدى زوجات نيرون، فلم يتبق لديه سوى مسيحيي روما فألصق تهمة الحريق بهم، وسفك دمائهم وعمد إلى اضطهادهم، وحشد الشعب من أجل هدف واحد وهو قتـل المسـيحيين وتعذيبهم في مشـاهد دموية وحشية بشعة.

انتحار الكاتب الفرنسي
" رومان غاري "

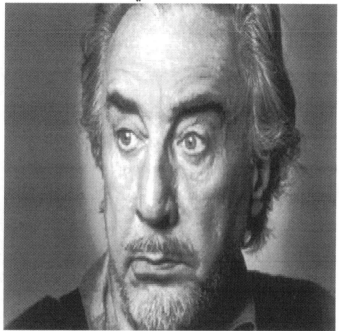

طريقة الانتحار: رصاص المسدس

تاريخ الانتحار: 3 /12/ 1980م

سبب الانتحار: فقدان معنى الحياة "العبثية"؟!

هو الكاتب الفرنسي الروسي الأصل " رومان غاري" الذي ولد في عام1914 والحائز مرتين على جائزة غونكور.. وهي من أرفع الجوائز الأدبية الفرنسية، وقد لازم انتحاره أحداث غريبة كانت أشبه بالفضيحة الادبية , وقصة هذه الفضيحة باختصار.. أنه في السبعينات لمع نجم ساطع في سماء الأدب الفرنسي، اسمه " اميل اجار " الذي ما لبث أن فاز بجائزة " غونكور " وبعد ذلك بفترة دارت معركة خفية بين " رومان غاري " و " اميل اجار " انتهت هذه المعركة بانتحار الأول وكان انتحاره سببا في موت شخصية الثاني، فقد انتحر " رمان غاري " في 3 ديسمبر

1980م، وفي نهاية يونيو 1981م كشفت الحقيقة التي أذهلت الجميع، حيث نشر الكاتب " بول فلوفيتش " كتابا أوضح فيه أن " غاري " هو الذي كتب أعمال " اجار " الأدبية بما فيها الرواية التي فازت بجائزة " غونكور " وبذلك يكون " غاري " قد حقق ما لم يحققه أي كاتب فرنسي، حين خرق قانون الجائزة المذكورة بفوزه بها مرتين مرة باسمه الحقيقي في الخمسينيات والأخرى باسمه المستعار، وبالفضيحة التي اندلعت استعاد " غازي " حقوقه الأدبية من " اجار " وأجبر مؤرخي الأدب الفرنسي إن يشطبوا اسم " اجار " من قائمة الأدباء وأن يلحقوا سائر كتبه بقائمة كتب " رومان غاري ". ونستطيع أن نرجع هذه " الازدواجية " التي نشأت لدى " غاري " إلى ضجره من اسمه فاعتمد اسما أو شخصا مستعارا ليتحرر من أسر صورته الأدبية السابقة.. لكنه تضايق تدريجيا من هذا الاسم أو الشخص خاصة بعد أن بدأ في قطف النجاحات الأدبية، وقد كتب " رومان غاري " قبل انتحاره يقول: " البعض قد يفسر انتحاري بأنه نتيجة انهيار عصبي لكن في هذه الحالة يجب أن يكون هذا التوتر العصبي ملازما لي منذ ولادتي بحيث يصعب تفسير نشأتي الأدبية وتطورها، ماذا إذا؟ ربما يجب البحث عن الإجابة في عنوان كتاب سيرتي الذاتية " سيكون الليل هادئاً " وفي الكلمات الأخيرة من روايتي الأخيرة " لأننا نستطيع أن نقول أحسن من ذلك " لقد عبرت عن نفسي في نهاية الأمر كليا ". هكذا أوضح أو "(أخفى) " رومان غاري " سر انتحاره في رسالته الأخيرة وبعدها وجه فوهة المسدس إلى حلقه واطلق النار.

من اقوال غاري:"لا تنتظروا أن تعطي الحياة لحياتكم معنى بل أنتم الملزمون بذلك". فهل وجد معنى الحياة أم انتحر لأنه عجز عن ذلك؟؟

انتحار ثعلب الصحراء..المارشال ايرفن روميل

طريقة الانتحار: السم

تاريخ الانتحار: ١٤ اكتوبر من عام ١٩٤٤م.

سبب الانتحار: خيره هتلر بين الانتحار أو المحاكمة بتهمة الخيانة فانتحر

لقب بثعلب الصحراء نظراً لخبرته الواسعة في الصحراء وعبقريته الفذة في المناورات العسكرية ووضع الخطط الحربية، وهو نفس الشخص الذي أمر جنوده بزراعة الألغام في صحراء مصر الغربية من أجل استخدامها كخط دفاع في الحرب ضد القوات البريطانية.

ومازالت هذه الألغام موجودة بصحراء العلمين إلى الآن وتعرف حقولها بـ "حدائق الشيطان".

مولد الثعلب

ولد إيرفن روميل في الخامس عشر من نوفمبر 1891 بمدينة هايدنهايم، و شغف بصناعة المناطيد والهندسة وأراد أن يحقق نفسه وطموحه في هذا المجال لكن والده عارض ذلك، مما جعله يغير مساره ويتجه إلى المجال العسكري عام 1910، وحصل على رتبة ملازم في الخامسة والعشرين من عمره،.

بداية الحياة العسكرية

اندلعت شرارة الحرب العالمية الأولى عام 1914، والتي شارك فيها روميل، وحصل على وسام الصليب الحديدي عام 1915، وعقب انتهاء الحرب ووقوع الهزيمة تم توقيع معاهدة "فرساي" والتي حددت عدد الجيش الألماني بمائة ألف رجل، ظل روميل في المجال العسكري ولكن في مجال التدريس العسكري، ففي عام 1920 أصبح محاضراً في مدرسة تدريب المشاة، ثم رقي ليصبح محاضراً في علم الحروب التكتيكي بالمدرسة الحربية.

الف روميل كتابا يتضمن خططاً عسكرية حربية تتسم بالكثير من الدهاء والحنكة، وضع فيه خبراته العسكرية خلال الحرب العالمية الأولى.

عندما صعد هتلر إلى الحكم في يناير 1933، عرف لروميل بإخلاصه الشديد لألمانيا وولاءه لهتلر قائدها، و أثار إعجاب هتلر الذي أصدر أوامره بتعيينه على قيادة الجيش في كل من النمسا وتشيكوسلوفكيا عام 1939،

وفي عام 1940 حقق روميل إنجازا عسكري أخر عندما تمكن من اجتياح فرنسا، وأحرزت القوات الألمانية الكثير من الانتصارات على الساحة الأوروبية.

رأى هتلر في روميل القائد المناسب ليرسله إلى شمال إفريقيا لمساعدة حلفائه الإيطاليين في حماية مستعمرتهم الليبية ضد الهجمات البريطانية، فانتقل روميل من فرنسا ليبدأ مهمة جديدة في الصحراء الإفريقية، وعين في منصب القائد الأعلى للقوات الألمانية هناك وكانت مهمته إيقاف التقدم البريطاني.و اشتهر روميل كقائد

حربي من الطراز الأول لما كان يتمتع بـه مـن حنكـة حربيـة وتكتيـك عسـكري واسـتراتيجي، فكـان متمكن من وضع الخطط الحربية خاصة في معارك المدرعات.

خاض روميل في شمال إفريقيا عدد من المعارك الناجحة والتـي ظهـرت فيهـا براعتـه كقائـد ومناور عسكري وتمكن من استرداد ليبيا من بين أنياب البريطانيين، واستسلمت القـوات البريطانيـة بطبرق في ليبيا ووقع حوالي ثلاثون ألف جندي بريطاني في الأسر، واتـاح هـذا النصر لروميـل فرصـة للتقدم بقواته والزحف وراء البريطانيين إلى مصر والتـي كانـت مركـزاً للتواجـد البريطـاني بالمنطقـة وخلال ذلك رقي روميل إلى رتبة مارشال عام 1942.واستمر تقدم روميل باتجاه مصر مكبداً الجانـب البريطاني الخسائر، حتى وصل إلى مرسى مطروح ولم يبـق عـلى الوصـول إلى الإسـكندرية سـوى 150 كيلو متر بعد انسحاب البريطـانيين، وكـان مـن الواضـح أنـه لم يبقـى الكثـير أمـام روميـل وجنـوده للوصول إلى العاصمة المصرية القاهرة.

العلمين.. نهاية فاصلة

جاءت معركة العلمين لتشهد تغير جوهري في خط سـير الحـرب، فعقـب سـقوط طـبرق أعلنت أمريكا عن مشاركتها في الحرب فأرسـلت إمـداداتها إلى القـوات البريطانيـة بشـمال إفريقيـا، وغيرها من إمدادات قوات الحلفاء، وصار هناك تفاوت كبير بين القوات الألمانية والبريطانيـة حيـث حصلت الأخيرة على الكثير من الإمدادات، وسيطر الحلفاء على الحرب جواً وبـراً بالإضـافة لتمكـنهم من اختراق الشفرات الألمانية وكشف خططهم، وانقلب الحال بالنسبة للجانـب الألمـاني ولم يـتمكن روميل من صد الهجوم البريطاني وبدأ التراجع، وعلى الرغم من ذلك وعلى الرغم من قلة الإمدادات المتاحة لروميل كان هتلر مصراً على التوسع وإتمام الحرب حتى أخر جندي ودفع روميـل للاسـتمرار وتوالت المواجهات العنيفة بين روميل ومونتجمري القائد البريطاني.

انتقل روميل إلى ألمانيا بعد أن نال منه التعب والإرهاق الجسدي والنفسي إلا أنه كان على استعداد للعودة مرة أخرى إلى ارض المعركة في شمال إفريقيا في أي وقت، وتعقدت الأمور أكثر في شمال إفريقيا عقب سفر روميل فشن مونتجمري العديد من الهجمات، وقُتل قائد القوات الألمانية الذي حل محل روميل أثناء فترة تواجد الأخير في ألمانيا، ولم يجد هتلر سوى أن يستدعي روميل للعودة مرة أخرى إلى أرض المعركة بالشمال الإفريقي، ولكن أشتد الهجوم من الجانب البريطاني مخترقاً دفاعات الألمان، ولم يجد روميل أمامه سوى الانسحاب في نوفمبر 1942، وظلت مطاردات قوات الحلفاء لقوات المحور من الإيطاليين والألمان وتم الاستسلام نهائياً في السابع من مايو 1943.

نهاية الثعلب

عندما علم هتلر بأمر الانسحاب اشتد غضبه واتهم روميل بالخيانة فأرسل إليه يخيره إما أن ينتحر ويضمن سلامة أسرته، أو يحاكم بتهمة الخيانة العظمى، فاختار روميل أن ينهي حياته بنفسه فتجرع السم، لتنتهي حياة ثعلب الصحراء بعد أن حظى بشعبية كبيرة سواء على مستوى ألمانيا أو المستوى الدولي. وكان ذلك في الرابع عشر من أكتوبر 1944 عن عمر يناهز 53 سنة، وصدرت شهادة وفاته مزورة معلنة سبب الوفاة تعرضه لأزمة قلبية.

انتحار روميو وجولييت

(اشهر قصة حب في العالم)

طريقة الانتحار: السم والخنجر

تاريخ الانتحار:؟؟؟؟؟؟؟؟؟؟؟؟؟؟

سبب الانتحار: الحزن الشديد لموت محبوبتة

روميو وجولييت"قصة الحب والكراهية ": حكاية روميو وجولييت تكمن في ان الحب الملتهب جمع بين حبيبين ينتميان إلى أسرتين من ألد الاعداء وبينهما ثأر قديم وثأر جديد ... الهوى المشبوب تصوره الحكاية على خلفية من الكراهية والبغضاء.

تبدأ الحكاية بحفلة تنكرية يرتدي فيها المدعون الأقنعة على وجوههم والحفلة تقيمها أسره كابويوليت من أعيان مدينة فيرونا الايطالية.. يتسلل روميو ابن أسرة مونتاجيو الد اعداء اسرة كابيوليت وقد اخفى وجهه بقناع وذلك لحبه للمغامره.. لكن روميو يلتقي بجولييت كابيوليت ابنه المضيف ويقع في حبها وتقع في حبه من

أول نظره. وبعد انصرافه مع الضيوف يعود روميو فيقفز من فوق سور الحديقة ويرى حبيبته ساهره مؤرقة في الشرفة فيناجيها وتناجية في مشهد الشرفة.

يتزوج روميو من جولييت سرا على يد القس الراهب لورانس ...... تدور الاحداث ويتعارك تيبالت من اسرة كابيوليت مع الشاب ماركو من اسره مانتاجيو وهو الصديق الحميم لروميو وقريبه فيقتل أثناء العراك .... فينتقم روميو لقريبه ويقتل تيبالت... فيحكم الدوق عليه بالنفي إلى بادوا (خارج الديار).

بعد الحكم عليه يواسي الراهب لورانس روميو ويخبره بأن الحكم كان رحيما معه حيث أنه يستحق القتل.فيجيب روميو (بأسى): "إن هذا لعذاب وليس رحمة، الجنة هنا ما دامت جولييت فيها وعدا ذلك جهنم، كل من يسكن فيرونا من كلب أو قطه أو فار وكل خسيس وصغير من سكانها سوف يرون جولييت إلا روميو وحده.. فهو المحروم من رؤيتها ".

كابيوليت ابو جولييت يدبر زواجها من كونت باريس.. فتلجا جولييت إلى القس الراهب للتخلص من المأزق فهو الوحيد الذي يعرف أنها متزوجة من روميو فيعطيها الراهب جرعة مشروب إذا شربتها ظهرت عليها أعراض الموت وبعد دفنها ستستيقظ في المقبره ليعينها الراهب على الهروب إلى حبيبها.

وتلعب الصدفة دورها لتمنع وصول رساله الراهب إلى روميو، فيصل نبأ موت جولييت إليه ليصل إلى المقبره ويشرب السم ويموت، وحين تستيقظ جولييت وتجد روميو قد مات تستل خنجره من غمده وتقتل نفسها.وعند وصول عائله كل من روميو وجولييت، يعنف الدوق رئيسي- الاسرتين اللذين يتأثران بعنف الفجيعة في شباب الأسرتين ويتصالحان ويتصافحان لأول مره.مغزى المسرحية كما يحلو للبعض بأن (الحب يقتل الكراهية).ولكن ربما تشير المسرحية إلى أن (الكراهية تقتل الحب) مثل ما حدث للحبيبين.

انتحار الشاعر النمساوي
ســتيفان زفايج

طريقة الانتحار: بواسطة الغاز "

تاريخ الانتحار: 22 / 2 / 1942

سبب الانتحار: انهيار السلام العالمي على يد هتلر.

ولد "ستيفان زفايج" في "فيينا" عاصمة "النمسا" في عـام 1881 وتلقـى تعلمـه في "النمسـا" و"فرنسا" و"ألمانيا" ثم استقر في مدينة "سالزبورح" بـ"النمسا" في عـام 1913. وقـد اشـتهر في بدايـة حياته كشاعر ومترجم لمسرحيات الكاتب المسرحي البريطاني بـن "جونسـون" (1637-1572) -مؤلـف المسرحية الخالدة "فيوليوني" أو "المنافق" ثم ذاع صيت "زفايج" في المرحلة التالية في حياته كمؤلف سير وتراجم حين كتب سيرة كل من: "بلزاك". و"ديكنز" والملكة الفرنسية "مـاري أنطوانيـت" زوجـة ملك فرنسا "لويس السادس عشر".

وفي المرحلة التالية من حياته كتب "زفايج" عددا من القصص القصيرة وقد عـاش في "لنـدن" من عام 1934 حتى عام 1940، واكتسب الجنسية البريطانية، ثم

هاجر بعد ذلك إلى الولايات المتحدة الأمريكية" ومنها إلى "البرازيل" وفي عـام 1943 نشـرت سـيرته الذاتية بقلمه بعنوان "عالم الأمس".ويقـدم هـذا الأديب والقاص والـروائي أدق تفاصيل النزعـات الإنسانية في مجمل نتاجه الأدبي الذي تنوع بين القصـة القصيرة والرواية وكتابة سـير الشخصيات الشهيرة في الحياة الاجتماعية , وكذلك تقديم قراءات لروائع الروايات العالمية بالتحليل.

وقد انتحر ستفيان زفايج بواسطة الغاز في ليلة 22 شباط 1942 بعد ان كتب ستيفان 192 رسالة ". وأرسلها إلى جميع أصدقائه في أنحاء العالم يقول فيهـا:" " قبـل ان اترك الحيـاة وانا بتمام الارادة والصفاء اشعر بحاجة لاملى أواجب على إننـى اوجـه أعمـق شـكري الى البرازيل هذا البلـد الرائع المضياف الذى احتضننى وامن لى راحتى وهدوئى والذى تعلمت حبه يوما بعد يوم والذى لم افكر يوما بسكنى غيره بعد ان فقدت وطن لغتى الروحي أوروبا الخربـة المتهدمـة. وبعـد السـنين التى اضعتها تائها ضالا يصعب على انشاء حياة جديدة خاصة.. لذلك فانى اضع حدا لايامى وانا مرفوع الراس ونهاية لوجودى الذى كان العمل العقلي فرحته المثلى والحرية الفردية خيره المطلـق في هذا العالم، اني احيي جميع اصدقائى واتساءل هل يستطيعون يوما رؤية الفجـر بعد هذا الليل الطويل؟ أما أنا فلم اعد أطيق صبرا وأني لراحل قبلهم". العالم الذي أحببناه ولّى إلى غـير رجعة.وما يأتى منه ليس بوسعنا أن نتحمله وما جدوى أن يواصل المرء حياة شاحبة".

وفي اليوم التالي تصدر الخبر وسائل الإعلام , خبر انتحار ستيفان زفايج مـع زوجتـه وكلبـه , وبعد أيام وصلت الرسائل إلى أصحابها وكان ستيفان قد شرح موقفه وحالتـه النفسية القاسية إثر إنتصار النازية وبزوغ نجم هتلر وأنه لم يعد يحتمل مشاهد انهيـار السـلام العالمي. عبد البـاقي يوسف

"الحب يهزم أعداءه "

انتحر ستيفان زفايج صاحب (حذار من الشفقة) و(أربع وعشرون ساعة في حياة امرأة) و(رسالة من امرأة مجهولة) عندما رأى البشر ـ يتساقطون بالآلاف على جبهات القتال في الحرب العالمية الثانية. لم يستطع زفايج ان يعيش هذه القسوة بين البشر ـ ففضل ان ينتحر ويرحل مع زوجته عن هذا العالم، رغم انه كان آنذاك يعيش في أمريكا اللاتينية البعيدة عن ساحات القتال.

لم يتحمل زفايج ان يعيش بأمان وهدوء بينما ماكنة الحرب تطحن أجساد الآلاف يوميا. يمكن القول انه كان مهتما بحياة الآخرين الي درجة التضحية بحياته في سبيلهم، أو للتنديد بما يحدث من ظلم وانتهاك لحقوق البشر.

قد يعتبر البعض وخاصة في عالمنا التي تلتهم حرائق الموت والدمار أكثر من بقعة في العالم، وفي مقدمتها وطننا العراق العزيز، بان ما أقدم عليه زفايج من انتحار مع زوجته هو تصرف غبي، لان انتحاره لم يقدم ولم يؤخر شيئا في المسيرة المدمرة للحرب.. لكن ثمة من يعتبر فعلته تضحية ونبلا من كاتب من الطراز الاول تصرف على ضوء ضميره الانساني.

ان زفايج وأمثاله يقفزون إلى الهاوية المظلمة، مخلفين خلفهم ضوءا باهرا. لقد وضع زفايج نفسه بتواضع تام بين المهمشين من الناس، حيث يقول في حديث له:(ان الكاتب يعيش ويلبس ويتجول كالآخرين تماما، يفعل كل ما يفعلون، لكنه في نهاية الامر يفعل شيئا لا يفعلونه الآخرون، ألا وهو التوجه نحو مكتبه للكتابة).

زفايج انتحر بسبب عدم تحمله لاهوال الحرب، والشاعر ينسين انتحر بسبب الحب، بعد موت حبيبته، وهو الشاعر البوهيمي قبل الثورة البلشفية الذي لم يستطع ان يتواءم معها، كما الثورة نفسها لفظته.لقد انتحر زفايج لانه لم يستطع تحمل عبثية الحياة، انتحر لكن المستقبل سيظل بالنسبة لنا مدعاة للتفاؤل دائما، لو استمر فعل الحب.

سنظل نحب حتى لو أحرق البعض سفن المستقبل بالموت، كما فعل زفايج، ستظل قلوبنا تعشق حتي لو حاولنا في لحظة جنون احراق المستقبل نفسه بأيدينا. ستظهر حروب وتنتهي حروب وأهوال في كرتنا البائسة، لكن دفء الحب وقوته وعنفوانه سيستمر حتي تحت هدير المدافع وأزيز الطائرات وصور الموت البشعة التي بتنا نراها عشرات المرات في بلادنا. الحب سيهزم أعداءه دائما، سيهزمهم في بلدنا كما هزمهم في كل مكان، ومع مشاعر الحب سترتفع ارادة الحياة في كل مكان.

من أهم أعماله:

1. فوضى المشاعر,
2. 24 ساعة في حياة امرأة,
3. الشفقة الخطيرة,
4. أموك
5. رسالة حب من امرأة مجهولة,
6. الحب الجنوني, ,
7. قلوب تحترق,
8. ماري أنطوانيت
9. بالإضافة إلى مسرحية واحدة هي بيت على شاطئ البحر,

انتحار عارضة الازياء الأفغانية الاصل المشهور ة بلقب ملكة جمال اسيا "سحر دفتاري"

طريقة الانتحار: ألقت نفسها من شرفة منزلها

تاريخ الانتحار: 26 / 12 / 2008

سبب الانتحار: الاكتئاب الحاد

سقطت عارضة الأزياء والفائزة بلقب 'وجه آسيا' سحر دفتري من شقتها في الطابق الـ12 في أحد المباني في إنكلترا مما أدى إلى مصرعها على الفور.

ونقلت صحيفة 'دايلي مايل' عن مصدر من الشرطة ان 'شهود العيان لم يذكروا سماع أي صراخ أو ضجيج وإنما صرخة واحدة.

وتحققت الشرطة البريطانية في مقتل عارضة الازياء "سحر دفتاري" والفائزة بلقب "وجه آسيا "التي انتحرت من شرفةالشقة الفاخرة، التي يملكها صديقها السابق رجل الأعمال الباكستاني رشيد جميل. إثر سقوطها عن ارتفاع يزيد عن 45 متراً بعد اكتشافها زواجه باخرى وأوقف صديق العارضة واستجوبته الشرطة قبل أن تطلق سراحه بموجب كفالة مالية.

كانت العارضة "سحر دفتاري" قد القت بنفسها من الدور الثاني عشر من البرج الفاخر في سالفورد كيز بمانشستر حيث تقع شقة حبيبها رجل الأعمال الباكستاني رشيد جميل. وتبلغ قيمتها 800 ألف استرليني. واشارت اسرة "سحر "إلى أنها تزوجت رشيد في حفل اسلامي أقيم برينتفورد لكن سحر هجرته بعد اكتشافها انه متزوج باخرى وانها انجبت طفلا منذ عدة أشهر فقط. وذكرت الصحف البريطانية أنه رغم زواج سحر من رشيد في ديسمبر 2007 إلا أنها، وبعد أسابيع، اكتشفت أن لديه زوجة ثانية، وبالتالي لم تتمكن من تسجيل الزواج رسميا، بعد زواجهما العرفي، لأن القانون البريطاني لا يسمح بتعدد الزوجات.

وله زوجة ثانية هي ناريسة أمجد (29 عاما) كما تزوج من المحامية سابينة مالك وطلقها لاحقا، وأما الثالثة فهي مطلقته الأخرى، وكانت في باكستان.

استقالت سحر من وظيفتها كبائعة شخصية لمحلات هارودز لتنتقل الى مانشستر مع جميل حيث اقاما لعدة أشهر برصيف سالفورد أحد أفخر مناطق المدينة حيث انتحرت قبل عودتها إلى لندن.وأوضحت الشرطة البريطانية أن "سحر" ذهبت إلى الشقة لتجمع اشياءها ومتعلقاتها الشخصية بعد انفصالها عن رشيد.

وقد القي القبض على رشيد "33 عاماً" خبير التنمية وزوجها السابق لكن افرج عنه بكفالة ليعاد عرضه امام النيابة.

وبحسب صحيفة "الوفد" رفض يوسف كريم زوج شقيقتها فكرة انتحار سحر مؤكداً أنها تتعارض مع كل ما تؤمن به فهي كانت تستمتع بحياتها ولديها ما تحتاجه مهنة مبشرة كعارضة ازياء كما أنها جميلة وذكية ومتدينة وتساءل عما يدعوها للانتحار، بررت الشرطة احتمالية انتحارها بعد انفصالها عن زوجها الذي كانت تعشقه وظهور فيلم إباحي لها يتم تداوله على مواقع الانترنت يصورها مع شخص مجهول في لحظات حميمة واشارت الشرطة إلى أن سحر اعربت عن خوفها من ان هذا الشريط قد يدمر عملها ومستقبلها المهني.

وعندما حاولت الشرطة الاتصال به فشلت وعاود الاتصال بهم لاخبارهم بوفاتها اشار اصدقاؤها الى اكتشافها المفاجئ بزواجه بأخرى منذ 6 أشهر وله منها طفل صغير مما اصابها بحزن شديد واضطراب ولم تعد إلى مانشستر منذ انفصالها عنه سافرت سحر من لندن الي مانشستر خلال عطلة نهاية الاسبوع للمشاركة في عرض ازياء بمطعم هندي لكنها انسحبت في اللحظة الاخيرة وذهبت الى الشقة الفاخرة لنقل حاجياتها.

أعربت أفراح سامي "صديقتها" عن صدمتها واحباطها واصدقائها. واشارت الي أن سحر كانت تعشق الحياة خاصة وانها محط أنظار الجميع في كل الحفلات التي تشارك فيها وانها فازت العام الماضي بلقب وجه آسيا في مسابقة عارضات الازياء وحصلت بعدها على عدة عقود ضخمة لعروض الازياء كموديل لمنتجات بعض كبري الشركات. وأوضحت أن اكتشاف سارة خيانة رشيد دفعها للاكتئاب وتقلصت وجبتها اليومية.

واوضح مصدر مسئول بالشرطة البريطانية أن الشهود نفوا سمعهم لأي صراخ أو شجار أو زعيق مجرد صرخة واحدة. وانهم يعتبرونها انتحاراً وحادثاً رهيب واكد اقاربهم سعيهم لاستيعاب ما حدث وفهمه.

واشار تيمور زوج شقيقتها الأخرى الى أن سحر اهتمت بالعمل كعارضة وفي نفس الوقت تدرس. واوضحت صديقتها أفراح أن سارة حجزت تذكرة طائرة إلي دبي لتحتفل بعيد ميلادها الـ 24 يوم الكريسماس.

رفضت والدة سحر أي امكانية لانتحار ابنتها مؤكدة أن من تسعى لقتل نفسها لاتحجز تذكرة طيران لقضاء اجازتها في دبي والاحتفال بعيد ميلادها كما انه يتناقض ومعتقداتها الدينية كمسلمة. وتحفظت على توجيه اي اتهام لزوج ابنتها السابق مؤكدة انتظارها لحين عودة ازواج بناتها الاربع من موقع الحادث الي لندن حيث تقيم الاسرة.

انكر زارين قدري "ابن خالتها" امكانية انتحارها لالتزامها الديني خاصة انها كانت تتمتع بروح مرحة. واشار الى اتفاقها مع اصدقائها المقربين على السفر الي دبي لقضاء الاعياد والاحتفال بميلادها.

ووفق مصادر الشرطة تم نشر شريط فيديو إباحي يجمع سحر مع شاب غير معروف، تم نشره على شبكة الانترنت، والشرطة تحقق فيما إذا كان تم وضعه بشكل مقصود، فيما هي كانت قلقة من تأثير الشريط على مهنتها. وذكرت الشرطة أن الجيران لم يسمعوا إلا صرخة واحدة، ما قد يشير إلى انتحار أو حادثة مريعة.

انتحارسندريلا الشاشة
سعاد حسني

سعاد حسني.. لا يمكنها ان تنهي حياتها بيديها في لحظة يأس

طريقة الانتحار: القت نفسها من شرفة منزلها

تاريخ الانتحار: 21 / 6 / 2001

سبب الانتحار: الاكتئاب الحاد

الساعة التاسعة وبضع دقائق بتوقيت غرينتش من مساء يوم الخميس الموافق 21 يونيو حزيران عام ألفين وواحد..

شاهد صبي مغربي الجنسية في السادسة من العمر يسكن في العمارة المقابلة لبناية "ستيوارت تاور" شخصا ما يسقط من شرفة الشقة رقم (A6) بالطابق السادس.

وجر الصبي الصغير - ويدعى أحمد- مذعورا يلوذ بأحضان أمه وحكي لها عما شاهده منذ لحظة فاسرعت الأم إلى الهاتف واتصلت بالشرطة الانجليزية مؤكدة رواية ابنها الصغير. لحظات ووصل رجال الشرطة إلى مكان الحادث

وبالفعل عثروا على جثة سيدة في نهاية عقدها السادس ملقاة على أرض الشارع. وقبل أن يبدأ رجال الشرطة عملهم في جمع التحريات حول الحادث وصلت سيدة أخرى تدعى نادية يسري إلى المكان..وبعد قليل تصرخ وهي في حالة انهيار: سعاد..سعاد. بعد قليل اكتشفت الشرطة البريطانية أن الجثة هي لفنانة عربية شهيرة اسمها: سعاد حسن ويتم نقل الجثة إلى مشرحة مستشفى وستمنستر للكشف عليها وبيان ما بها من إصابات.. وأجرى رجال الشرطة البريطانية تحقيقات سريعة حول ملابسات الحادث وتم التحفظ على الجثة وإبلاغ السفارة المصرية بالحادث وظهر يوم الجمعة الموافق 22 يونيو طار الخبر إلى الناس.. قطع التليفزيون المصري برامجه وأعلن للملايين من عشاق سندريلا الشاشة العربية أن فنانتهم المحبوبة قد ماتت في لندن..

ولم تجرؤ سوى صحيفة واحدة هي;الوفد; على نشر العنوان الصادم: انتحار سعاد حسني في لندن.صرح البوليس البريطاني بالإفراج عن جثمان سعاد حسني بعد إحالة القضية إلى محكمة وستمنستر لقول الكلمة النهائية.. وسافر عز الدين شقيق الفنانة الراحلة بصحبة ابنه أحمد إلى لندن لإعادة جثمان السندريلا إلى القاهرة. وكان موعد الوصول إلى مطار القاهرة بتاريخ الخميس الموافق 28 يونيو حزيران 2001 حيث استقبل الفنانون نادية يسري بالاستهجان واندفع بعضهم نحوها ووجهوا لها اتهاما بأنها وراء قتل سعاد حسني أو أنها على أقل تقدير تعرف من وراء الجريمة لم يتوقف الأمر عند هذا الحد وإنما قدم عدد من الفنانين والفنانات ومعهم شقيق سعاد حسني بلاغا لنيابة النزهة يتهمون فيه نادية يسري بإخفاء معلومات عن حادث موت السندريلا.

وبدأت نيابة النزهة التحقيق في البلاغ واستدعت نادية يسري لسؤالها فيما هو منسوب اليها..لكن نادية أكدت أن سعاد حسني انتحرت، وقررت نادية أن هؤلاء الذين يذرفون الدموع على رحيل سعاد هم أول من تخلوا عنها في محنة

مرضها وغربتهاأخلت النيابة سبيل نادية يسري بلا ضمان، في حين كان الآلاف من عشاق السندريلا يودعونها في جنازة مهيبةولم يكن مواراة جثمان سعاد حسني التراب يعني نهاية الحكاية.. بل على العكس، ظل لغز موتها يحير الجميع.. الكل يحاول جاهدا معرفة الحقيقة الغائبة.. ويحاول الإجابة عن السؤال: كيف ماتت سعاد حسني؟البوليس البريطاني أعلن بعد اطلاعه على تقرير الطبيب الشرعي أن سعاد قد سقطت من الشرفة، وحلل البعض ذلك بأنها فقدت توازنها بسبب زيادة وزنها أو العقاقير. وأعلنت محكمة الأدلة الجنائية البريطانية إقفال قضية وفاة سعاد، إذ أكدت التحقيقات وخلصت إلى نتيجة مفادها أن ;الوفاة وقعت بسبب حادث انتحار;وقبل أن يفيق عشاق سعاد حسني من صدمتهم راح الكثيرون يرسمون السيناريو تلو الآخر لحادث موت السندريلا.. هناك من رأى أن سعاد حسني انتحرت بعد يأسها من الشفاء، وإصابتها باكتئاب بعد ما نشرته عنها الصحف المصرية بأنها فقدت جمالها ورونقها وأصبحت تعيش حياة بائسة في الغربةلقد بكت سعاد كثيرا عندما قرأت المقال الذي كتبته عنها الصحفية مديحة عزت في مجلة;روز اليوسف; وقالت فيه إن سعاد حسني ليس بها أي مرض عضوي، لكن بعد زيادة وزنها إلى 100 كيلوغرام وتدهور حالتها النفسية أصبحت غير مسؤولة عن تصرفاتها..امرأة ضائعة، تأكل بطريقة غير حضارية، حتى أن صاحبة البيت التي دعتها لم تتحمل استضافتها.. كما أنها تتسول الحياة بعد أن ينفد المبلغ الذي يقدمه لها أحد أمراء الدول الشقيقة، وتأكل من صفائح القمامة في شوارع لندن وسيرة الفنانة سعاد حسني توحي بأنها دخلت في أزمة مع صورتها في المرآة، فهي ترفض الاعتراف بمتغيرات الزمن، وهذه الأزمة النفسية يعرفها المشتغلون بعلم النفس والطب النفسي، فلم يكن سهلا على;السندريلا; تقبل واقعها الجديد، وقد تكالب على ها المرض والغربة وضيق ذات اليدغير أن آخرين رأوا أن بطلة فيلم;خلي بالك من زوزو; بمرحها المعتاد لا يمكن أن تكون انتحرت، ورجحوا أن يكون

توازنها اختل فسقطت من شرفة الشقة ولقيت مصرعها..وكان أصحاب هذا الرأي ممن يدعون أنهم على مقربة من سعاد ويعرفون كم هي محبة للحياة ولا يمكن لها أن تفكر في وضع نهايتها بيدها وكان هناك رأي ثالث يرفض الرأيين السابقين ويؤكد أن سندريلا الشاشة العربية لم تنتحر ولم يختل توازنها وسقطت من الشرفة، وإنما تعرضت لجريمة مدبرة للتخلص منها بإلقائها من شرفة الشقة. وراح أصحاب هذا الرأي إلى ماهو أبعد من ذلك، من أن صديقتها نادية يسري تعرف تفاصيل المؤامرة وشاركت فيها حضرت سعاد إلى لندن بتاريخ الأربعاء 16 يوليو تموز 1997 وكانت تعاني من مرض الاكتئاب منذ أكثر من 15 عاما لأسباب متعددة، منها عدم نجاح آخر فيلمين لها هما;الدرجة الثالثةوالراعي والنساء وقبلها فقدت صلاح جاهين الأب الروحي لها.

كانت سعاد تعاني أيضا من تآكل فقرتين بالعمود الفقري، بعد أن أصيبت بشرخ في الفقرتين الأولين للعمود الفقري عندما صممت على القيام بنفسها بدور لاعبة أكروبات في السيرك تقفز وتسير على الحبال في فيلم المتوحشة;. لقد أجرى لها البروفيسور رينيه لوي عملية في فرنسا في مستشفى ;دي لا كونسيبسيون; عام ألف وتسعمئة واثنين وتسعين وكانت نتائجها جيدة، لكن بعد فترة بدأت الصفيحة المثبتة في الفقرتين في الالتواء أيضا المسامير التي كانت تربطها، وكانت نتيجتها آلاما مبرحة لدرجة أنها لم تكن تستطيع المشي- أو الجلوس مدة طويلةبدأت الآلام تتزايد عندما مثلت الراعي والنساء;، وتحاملت على نفسها كي لا تحرج زوجها السابق على بدرخان مخرج ومنتج الفيلم الذي لم تتقاض عنه أجرا. أيضا كانت سعاد تعاني من أسنانها، إضافة إلى مشكلة الوجه فقد أصيبت بشلل فيروسي في العصب السابع وأثر ذلك على حالتها النفسية..أضف إلى ذلك مسألة الوزن الزائد وحاجتها لنظام غذائي صحي على يد متخصصين نأما المشكلة الكبرى كما تقول أختها فقد كانت رحلة العلاج على نفقة الدولة. لقد استمر العلاج عاما وخمسة

شهور، وحين تولى د. عاطف عبيد رئاسة الوزراء ألغى قرار العلاج بحجة أنها يمكن أن تعالج في مصر. وكان الأطباء قد نصحوا سعاد عام 1997 بأن تعالج في الخارج فقررت الذهاب إلى لندن.. وعرضت عليها صفاء أبو السعود وزوجها الشيخ صالح كامل علاجها في الخارج فرفضت وقالت إن معها ما يكفيهاكان من الضروري إجراء عمليتين لسعاد: جراحة تشوهات في العمود الفقري لنزع اللوحة المعدنية والمسامير من ظهرها ولكن بعد إنقاص وزنها، إضافة إلى العلاج من الشلل في الوجه.. لكن قرار د. عبيد جاء بالرفض. وأرسلت سعاد إلى رئيس الوزراء المصري تقريرا بحالتها الصحية لكن الخطاب لم يغير من القراروكان آخر قرار من الحكومة المصرية بشأن سعاد حسني بتاريخ يوم السبت الموافق 23 يونيو حزيران عام 2001 والذي ينص على تحمل الدولة نفقات تجهيز ونقل جثمان الفنانة الراحلة من لندن إلى القاهرة.

وحينما قدمت سعاد إلى بريطانيا ذهبت لتسكن مع صديقة لها في مقاطعة كنت..ولتتمكن من المواظبة على العلاج كان يجب أن تسكن في لندن، فوجدت حجرة مؤقتة بحمام في بيت الطالبات المسمى لي آبي في منطقة كرومويل لفترة الصيف فقط.. ثم أمضت في فندق إليزابيث في لندن حوالي ستة أشهر. وبعدها استأجرت شقة متواضعة في حي كينسنغتون بمبلغ 800 جنيه استرليني في الشهر..كانت شقة تتكون في بناية أمام مستشفى كرومويل الذي تذهب إليه من وقت لآخر لمراجعة الأطباء. والبناية تضم عددا من الشقق يمتلكها رجل أعمال عراقي يدعى فيصل على واستمر الوضع على هذا المنوال لأكثر من ثلاث سنوات، تعرفت سعاد خلالها على الأطباء الذين سيعالجونها وبعض الشخصيات المصرية الأخرى. هناك من حاول احتواءها، وأيضا من أساء إليها واستغلها.. بل إن أحد المسؤولين دعاها إلى حفل عشاء وداع الكثيرين لكي يروا ما وصلت إليه سعاد حسني. في تلك الفترة برز طبيبان كصديقين في حياة سعاد وقدما لها المساعدة قدر

الإمكان فقد أجرى الدكتور هشام العيسوي عمليات جراحية لزرع أسنانها على مدى عامين، حيث خلع كل أسنانها وعالج اللثة، وأجرى ترقيع عظام وزرع 22 دعامة للأسنان. وتولى طبيب التخدير الدكتور عصام عبد الصمد مهمة تخدير سعاد في هذه العمليات ولم يتقاض أجرا، وانتهى العلاج قبل وفاتها بأسبوعين. لم يكن د. عصام عبدالصمد يعرف عن سعاد سوى أنها ممثلة مشهورة، ولم ير لها أي فيلم لأنه ترك مصر منذ 33 عاماتطورت صداقة سعاد بالدكتور عصام فأصبحت أيضا صديقة لعائلته: زوجته الانجليزية جويس وأولاده شريف وسالي...وعقب رحيلها وضع د.عصام عبدالصمد كتابا عنها بعنوان::سعاد حسني بعيدا عن الوطن..ذكريات وحكايات; صدر عن دار جنرال باك للطباعة.

تلقت سعاد علاجا طبيا في مصحة تشابنير التي تبعد عن لندن 100 كيلومتر وتعتبر من أحسن المصحات في العالم وكان صاحبها ثريا سعوديا. رحب الرجل باستضافتها لمدة ثلاثة شهور دون مقابل.. وقالت له سعاد إنها عندما تشفى وتعود لمصر ستقوم بعمل بعض الإعلانات عن المصحة مجانا.تركت سعاد شقتها قبل أن تذهب إلى المصحة بتاريخ 20 مارس 2001 وعندما أنهت فترة العلاج بعد ثلاثة أشهر كاملة انتقلت للإقامة لدى نادية يسري التي تعيش بمفردها في لندن.. في الوقت نفسه أرسلت سعاد بعض حاجياتها الأخرى إلى مصر استعدادا للعودةيقول د.عصام::بدأنا خطة لعودة سعاد عن طريق شركة طيران;شارتر; تقوم بالسفر إلى القاهرة عن طريق شرم الشيخ هناك تستقبلها سامية جاهين أقرب صديقة لسعاد وهي أخت صلاح جاهين لأنها لا تريد مقابلة أحد;ولكن لم يمهلها القدر لتنفيذ الخطة، حيث إنها سافرت إلى مصر حوالي شهر أو شهرين مبكرا على شركة مصر للطيران.. في صندوق.

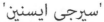

'سيرجي ايسنين'

طريقة الانتحار: قطع عرقا في ذراعه و كتب قصيدة بدمه، ثم شنق نفسه!

تاريخ الانتحار: 1925

سبب الانتحار: الاكتئاب بسبب الفشل في الحب

.. كان الشاعر في الثانية والعشرين من عمره، طويلا.. شديد الوسامة، عندما زار باريس وتعرف الى الراقصة الأمريكية الشهيرة إيزادورا دنكان (1877 1927) التي حققت شكلا جديدا ومنفردا في التعبير عن طريق الرقص.. ولاحظت الراقصة الأمريكية مدى احتفاء الشعراء والأدباء والفنانين الفرنسيين بهذا الشاعر الذي وصفوه بأنه عبقري في مجال الشعر، وكانت هي قد تخطت الأربعين.. ويبدو على وجهها ملامح جمال مازال في عنفوانه، وأنوثة طاغية، وقد لفت نظرها أن هذا الشاعر مريض.. وأنه يسعل كثيرا حتى أن الدم كثيرا ما يخرج من فمه فيتلقاه في منديله، مما جعلها تشعر بالعطف الشديد عليه، وعندما خرجت بعد انتهاء الحفل صحبته ليسير معها في شوارع باريس، وسرعان ما افتتن بها كما فتنت به في تلك الليلة الباريسية الساحرة حتى أنها استوحت رقصتها الشهيرة 'الخريف الناضر' من هذا الحب الجديد الذي ملأ عليها كل حياتها. وأرادت إيزادورا أن تمتحن حب

الشاعر لها فآثرت أن تبتعد عنه بعض الوقت لترى إلي أي مدى يتعلق بها، ونجح الشاعر في الامتحان، فكتب إليها رسالة يبث فيها حبه النبيل، وأنه لايقدر ى

'.. أنا لم أعرفك إلا منذ شهر واحد.. ومع ذلك فأنا أحس أني قد التقيت بك منذ سنين، وعشت معك قبل مولدك، واتصلت بروحك في دنيا غير هذه الدنيا، وفي عالم كله شموس وأقمار وأشجار وبساتين! أتكون حقا قد تعارفنا في كوكب غير هذا؟ أم هو الحب الساحر خلاق المعجزات يولد في نفس المحب أحلاما لاتمت إلى الواقع ومنطق الحياة؟ على أني أهزأ بالمنطق وأسخر بالواقع، ولا أؤمن إلا بصوت القلب.. وقلبي لايفتأ يقول إنك كنت حبيبتي منذ الأبد، وأني عرفتك في أول يوم من أيام الحياة، ورأيتك في نفس اللحظة التي نفخ الله فيها من روحه، فدبت الحركة في الدنيا واستحالت فوضاها إلى نظام وجمال.

وقال لها في رسالته تلك:فهبيني القوة أنا المريض.. قوة الفكر الثابت، والقلب الطيب، والروح الحافزة، هذه القوة التي أراها ممثلة فيك، مستقرة في أطواء نفسك استقرار اللآلىء النادرة في أعماق بحر عظيم.. فتعالي إلي وطهري خلقي ونفسي، إذ في مقدور المرأة أن ترتكب جريمة، كما أن في مقدورها أن تصنع معجزة.. في مقدورها أن تقتل الرجل.. كما أن في مقدورها أن تخلق الرجل.. فاصنعي المعجزة وابعثيني.. ابعثيني في ظل روحك الطاهرة، فقد كنت حتى الساعة ميتا مكفنا في غلائل مرضي، أخالس عبثا يوم النشور ولحظة الخلود!

وأنا في انتظار ردك ياحبيبتي، أنحني في خشوع وأقبل يدك الناضرة التي أسرتني، والتي أرجو أن تطوق فكري وقلبي وروحي مدى الحياة'.

وأحست ايزادورا أن الشاعر الروسي يحبها بالفعل، فذهبت لتعيش معه في إحدى الضواحي الريفية البعيدة، عاشت له، ونسيت فنها وتصفيق الجماهير لها، بينما ولّد هذا الحب عند الشاعر طاقة فنية رائعة، وأخرج ديوانه (نبع الحياة) الذي أشاد به النقاد كشاعر عظيم..وحرصت إيزادورا أن تنسيه مرضه، فوقفت إلى

جانبه ترعاه وتحنو عليه، مفضلة له على أضواء الشهرة والمجد وتصفيق الجماهير لها على مسارح باريس.

وذات يوم لاتنساه ايزادورا، جاءت راقصة مغمورة اسمها (بلانش فلوري) لزيارة الراقصة الشهيرة لتتعلم منها، وتصقل موهبتها بخبرة هذه الراقصة التي يعرفها الناس جميعا في فرنسا.. وفي خارج فرنسا، بجانب الشهرة التي حظيت بها في الولايات المتحدة..

كانت (بلاتش فلوري) في ربيع العمر.. جميلة جمالا ملفتا للنظر.. إنها ما تزال في العشرين من عمرها ذات وجه أبيض مشرب بالسمرة، وعينين زرقاوين، وابتسامة ساحرة، كما أنه كان لضحكاتها سحر خاص، فهام بها الشاعر، فهي شابة في مقتبل العمر مثله، بينما ايزادورا قد تخطت الأربعين، وتسير نحو شفق الخريف! هام بها الشاعر، وهامت به هذه الفتاة المغمورة، ولم يستطع الشاعر أن يبعد هذا الحب الجديد عن نفسه، وقرر أن يعيش قصة حبه الجديد، غير ملتفت إلى ذعر ايزادورا وخوفها من أن تسلبها هذه الفتاة الجميلة حبيبها، وحاولت أن تبعدها عنه بلا جدوى'!

لقد حار الرجل بين حبه القديم ووقوف الفنانة الكبيرة إلى جانبه في محنة مرضه حتى استرد عافيته، وبين هذه الفتاة التي أخذت تشجعه على أن يخوض معها تجربة حب.بينما كانت ايزادورا تحاول أن تعيد إليه رشده، وهي تخشى عليه أن يعاوده المرض من جديد، ولن تقف هذه الشابة الجميلة بجانبه لو دهمه المرض، ولكن كل محاولاتها ذهبت أدراج الرياح!

قررت ايزادورا أن تعتزل الفن نهائيا، فقد زهدت في كل شيء.. المجد.. والشهرة.. واعجاب الجماهير.. خاصة بعد أن فاجأها الشاعر بأنه ينوي الزواج من بلانش فلوري وأنه يعد العدة لاتمام ذلك الحلم الذي يتمني أن يتحقق.ولكن ظهر

على مسرح حياتهما رجلان الاول يبلغ الستين من العمر.. يملك المال والجاه والثراء، والآخر مصور مشهور في الاربعين من عمره.

الأول يريد أن يرتبط من بلانش فلوري، والآخر أحب ايزادورا، وصارحها بحبه بعد أن عرف بقصتها مع الشاعر الذي تركها وهجرها من أجل فتاة ساذجة صغيرة.. وقاومت ايزادورا في أول الأمر طلب المصور، ثم سرعان ما فتحت له الباب عندما وجدت أن الشاعر قد هام حبا بفتاته، وأن فتاته هذه تلعب به، وهي توحي للرجل الثري أن يتقدم إليها، وأنها سوف تقبل على الفور الزواج منه،

وعرف الشاعر أن ملهمته الجديدة تتلهى به، فحاول أن يتزوجها فرفضت أمام إغراء مال الرجل الثري الذي أغرقها بهداياه، ثم عندما رأى مدى تكالبها عليه، قرر أن يعيش معها بلا زواج، ووافقت الفتاة بشرط أن يوفر لها مستقبلا آمنا، بأن يجعل لها رصيدا في أحد البنوك!...فانهار الشاعر.. وذهب إلي ايزادورا مستعطفا ونادما، ولكن قلبها كان قد أدماه سلوكه معها، وهجره لها، وعدم تقديره لما قدمته له من تضحياته، ورفضت أن تعود إليه، فقرر الشاعر أن يعود إلى بلاده.. وعاد إلى روسيا محطم النفس، مقتول الأماني، واعتراه الاكتئاب، ثم قرر الانتحار في أحد فنادق لينينجراد.

مراجع صراع الحب والعبقرية ابراهيم المصري/الانترنت/دوائر المعارف

انتحار الشاعر الإيطالي
سيزار بافيز

طريقة الانتحار: الافراط في استخدام الحبوب المنومة

تاريخ الانتحار: 27-8-1950،

سبب الانتحار: الاكتئاب بسبب انفصاله عن زوجته

هو الروائي والشاعر الإيطالي سيزار بافيز الذي يعتبر مؤلفه (صناعة الموت) دليلا إلى الموت مع تحليلات دقيقة لعملية الانتحار. ومما قال فيه: «أنا لا أستسلم للموت» وكان آخر ما كتبه في دفتر يومياته: (لم أعد قادراً على الكتابة) وفي عام 1950 وضع حدا لحياته، نهاية وصفها بـ (أهم عمل في الحياة).

يوم السبت الواقع في 26 آب سنة 1950، طلب بافيز من شقيقته أن تهيئ له حقيبته الصغيرة. فهو على ما يبدو، كان عازماً على الذهاب لقضاء فرصة نهاية الأسبوع في الريف كما كانت عادته. ولكنه توجه إلى فندق "روما" الواقع تجاه محطة القطار، وحجز فيه غرفة حيث وجد في مساء الغد جثة هامدة على أثر تناوله ست عشرة حبة من الحبوب المنومة.

وقبل ذلك في 18 آب، كتب الكلمات الأخيرة من مذكراته اليومية: "لا كلمات، حركة وبعدها لن أكتب أبداً". وفي 25 آب كتب هذه الأسطر وهي من رسالة إلى صديقه "ديفيد لاجولو" لم يتسلمها هذا الأخير إلا في اليوم التالي لوقوع المأساة. ""سأقوم برحلتي إلى مملكة الأموات بالعناد نفسه والإرادة الصلبة نفسها التي لدى (اللانجيين). وفور معرفة الخبر أكثر الصحافيون من التقديرات والتعلقات حول سبب تلك الوفاة أو أسبابها.

فالبعض منهم حملوا المسؤولية للحزب الشيوعي الذي كان بافيز عضواً فيه منذ ربيع سنة 1945، وقالوا أنه في خضم الهجوم البارد الجرانوفي لم يشعر بالارتياح. أما البعض الآخر فينسبونها إلى حزن ناتج عن الحب جاء يتوج سلسلة من الفشل العاطفي.

وأياً كان سبب وفاته عاطفياً أم سياسياً، فقد توفي سيزار بافيز مخلفاً وراءه كماً من المؤلفات القيمة الشعرية والروائية، من أهم كتابته الفردوس فوق السطوح، أجداد الليل، الآلة-التيس، الأرض المحروقة، أعياد، أذيات، الاسم، مسؤوليات...

انتحار الشاعرة الامريكية المشهورة
سيلفيا بلاث

طريقة الانتحار: الغاز

تاريخ الانتحار: شباط عام 1963،

سبب الانتحار: الاكتئاب بسبب انفصالها عن زوجتها

ولدت الشاعرة والكاتبة سيلفيا بلاث في بوسطن بولاية ماساشوستس في السابع والعشرـين من شهر تشرين الأول عام 1932, لأب من أصل ألماني وأم من أبوين نمساويين.

كانت سيلفيا طالبة لامعة ومميزة دراسياً، ففي السابعة من عمرها، نشرت أول قصيدة لها في جريدة محلية. واستمرت في تفوقها في المدرسة الثانوية حيـث قررت لنفسـها أن تكـون كاتبـة محترفة، وحصلت على منحة دراسية كاملة لكلية سميث وهي أكثر الكليات مكانة في أمريكا.

وفي عام 1953 بنهاية سنتها الثالثة في كلية سميث فازت بجائزة تتضمن العمل في الصيف في مجلة النساء في نيويورك وهي "مدموزيل". عندما عادت إلى المنزل, وجدت بأنها لم تحقق الترتيب المتوقع لها في منهاج الكتابة, فعانت من الاكتئاب ثم حاولت الانتحار, ولكن تم إنقاذها في اللحظات الأخيرة.

في عام 1954 عادت إلى الكلية وتخرجت فيها بمرتبة الشرف, وحصلت على منحة فولبرايت التي مكنتها من الالتحاق بجامعة كامبريدج لدراسة الأدب الإنجليزي, وهناك التقت بالشاعر تد هيوز, ووقعت بحبه, وتزوجته عام 1956. وقد بدت العلاقة في أولها قوية, علاقة شراكة أدبية مثمرة استفاد فيها كل منهما من الآخر, حيث قامت بلاث بطباعة أعمال هيوز وتوزيعها على دور النشر ـ أما زوجها فقد عمل على تشجيعها لتأكيد هويتها الشعرية المستقلة في الكتابة.

في خريف عام 1957, عادت بلاث إلى أمريكا مع هيوز الذي عمل محاضراً في كلية سميث, بينما حاضرت بلاث في جامعة ماساشوستس, وكانت أستاذة ناجحة ومحبوبة ومخلصة وحية الضمير, لكنها مثل العديد من الكتاب, وجدت أن التدريس سرق منها الطاقة العصبية المطلوبة للكتابة. فتركت التدريس وكرست وقتها لكتابة الشعر. ونظراً لأن زوجها لم يتمكن من الاستقرار في أمريكا, عادت معه عام 1960 إلى إنجلترا, حيث أنجبت ابنتها فريدة ربيكا في نفس العام وكانت أما متحمسة ومحبة ولكنها في تلك السنوات من حياتها عانت من الضغط العصبي والمرض, ومع ولادة ابنها نيكولاس عام 1962, إنهار زواجها, بعد أن فُرض عليها أن تصبح مجرد زوجة وأم تعيش في ظل زوجها وهذا ما رفضته بشدة, وعبّرت عن ذلك بكتاباتها ومذكراتها ويومياتها ورسائلها لأمها التي أكدت فيها صعوبة الجمع بين الأمومة والأعباء المنزلية المفروضة على المرأة من جهة وكتابة الشعر والإبداع الأدبي من جهة أخرى.

في عام 1962 بدأ زوجها بإقامة علاقة عاطفية مع زوجة أحد الشعراء, وأخفى الأمر عن زوجته التي اكتشفت خداعه وخيانته لها, فقررت بعد شهرين الذهاب للعيش في لندن, حيث استأجرت شقة في الضواحي وكانت سعيدة بحياتها الجديدة هناك, لكنها بدأت تعاني من تربية أطفالها ومعاناتهم الصحية من مناخ بريطانية البارد. فقد افتقر بيتها في بريطانيا للتدفئة المركزية وللرفاهية الموجودة في أمريكا, وهذا ما سبب لها مزيداً من الحزن والألم لتركها وطنها. لكنها وسط ذلك كله, كتبت أجمل قصائدها وأفضلها, فكانت تستيقظ في الساعة الرابعة صباحاً لتكتب قبل موعد استيقاظ أطفالها. بدأت تكتب بسرعة وحرية متجاهلة الرأي العام مطلقة العنان لمشاعرها الذاتية, فأصبح خطابها الشخصي عاماً, وتميزت قصائدها الأخيرة بالنبرة الاعترافية وبحضور حي للأنا بعد أن كانت تكتب وهي تضع رأي القراء نصب عينيها.

وفي عام 1963 انتحرت سيلفيا بلاث بالغاز, وكانت ما تزال في الثلاثين من عمرها, تاركة وراءها مجموعات عديدة من الشعر والقصص القصيرة وروايتين, واحدة لم تكتمل, بالإضافة إلى مذكراتها ورسائلها التي يمكن من خلالها معرفة تاريخ بلاث الشخصي والنفسي ومعاناتها الحقيقية. وعد بعض النقاد زوجها مسؤولاً عن انتحارها المبكر, خصوصاً بعد انتحار عشيقته التي أصبحت زوجته الثانية بعد بلاث بالغاز أيضاً. ومن المثير للجدل أن زوجها قد عمل بعد موت بلاث على التخلص من بعض أعمالها التي وجد أنها قد تمس بسمعته الشخصية وبأولادها في المستقبل, ما تزال بعض أعمالها محفوظة في مكتبة كلية سميث.

من شعرها:

مرأة مبتسمة أنا

لم أزل في الثلاثين

ولديّ مثل القطة تسع مرات لأموت».

«الموت فن

على غرار كل ما عداه

وإني أمارسه بإتقان».

«وهناك ثمن باهظ

ثمن باهظ جداً

لكل كلمة، لكل لمسة».

«من بين الرماد

سأنهض بشعري الأحمر

وألتهم الرجال كالهواء

انتحار الروائي الايراني
صادق هدايت

"رائد القصة الحديثة في إيران"

طريقة الانتحار: السم

تاريخ الانتحار: 1951/04/09.

سبب الانتحار: الإحباط واليأس من رواج إنتاجه!

"صادق هدايت اديب قصصي اعتنق الفكر العبثي وقد اقدم على الانتحار ثلاث مرات ونجح

في الثالثة".

ولد في طهران عام 1900م وانتحر في باريس عام 1951م.

هو ابن إحدى أسر الأشراف الإيرانية الغنية. أرسل في بعثة إلى فرنسا عـام 1921م وعـاد عـام 1930م، وعمل في البداية في القطاع المصرفي ثم سافر إلى الهند حيـث تعلـم اللغـة البهلويـة هنـاك ونشر روايته" المعروفة "البومة العمياء"لأول مرة هناك، وقد واجـه كاتـب الروايـة صـادق هـدايت مشاكل في نشرها في إيران آنذاك، بسبب تخلـف المجتمـع الإيرانـي، حيـث اضطـر أن ينشـرها في 50 نسخة في الهند. لكن أعيدت

طباعة الرواية فيما بعد، حيث بلغت نحو خمسين طبعة حتى الآن، و ترجمت إلى عدة لغات منها العربية، وتظهر كل عام على قائمة منشورات دار الساقي اللندنية.

ويعد صادق هدايت (1903- 1951) من مؤسسي الرواية الفارسية، حيث ظهرت من بعده أجيال من الروائيين أكملوا مشواره الأدبي. و تتسم روايات صادق هدايت بالنظرة التشاؤمية إلى الكون والإنسان، وذلك بسبب تأثره بأفكار الكاتب التشيكي فرانتس كافكا.وتصنف روايات هدايت بأنها روايات مأساوية. كما أن نصوصه الأدبية مشفوعة بالنزعة القومية الفارسية المتشددة المعادية للعرب واليهود.

وقد حققت نفس الرواية شهرة واسعة في إيران حيث تعد أبرز أعماله، وقد ترجمت إلى العديد من لغات العالم وكانت سببًا في رواج شهرته خارج إيران. وفي هذه الرواية يتضح أثر فرانز كافكا برؤيته السوداوية، وكان هدايت قد ترجم بعض أعمال كافكا إلى الفارسية.

يقول سليم عبد الأمير حمدان. في كتابه «قراءات في الرواية عن صادق هدايت، حديثة في الفارسية، إنّ شهرته لم تأتِ من قيمته الأدبية، بل من طبيعة حياته، وكذلك موته الفاجع. وقد ظلّ هذا الكاتب موضع جدل دائم بين النقاد والكتّاب في إيران. فبينما يمتدحه المحدثون ويبالغون في اقتباس أقواله والإشادة بأعماله، يجد آخرون أنّ هذه الأعمال «تافهة، عديمة القيمة، منحطّة»، فيما يجد المؤلف أنّ هدايت سعى، منذ أول رواية له، إلى أن يقدّمها كاملةً من دون نواقص أو ثلمات تؤخذ عليها فنياً. كما أنّه عمد إلى العودة نحو اللغة الفارسية القديمة، والنأي بها عن المفردات العربية الدخيلة، وكانت كثيرة في أيامه! يشير المؤلّف أيضاً إلى أنّ لغته ببساطتها وقوة جذبها قد ابتعدت عن نثر زمانه المقعر والمسجوع.

وهذا نموذج من كتابة هدايت قد يكون له علاقة بالموضوع:المـوت /صادق هدايت

كتب صادق هدايت عام 1926م. هذه المقالة التي تظهر نفسية الكاتب التي تعلى من شأن الموت وقد كتبه في أوائل حياته الأدبية (1923-1930) عندما أراد أن ينتحر للمرة الأولى. فشلت محاولته الأولى للانتحار ولكن بعد 24سنة (1951) حاول الانتحار فتم له ذلك! فعانق حبيبه أخيرا!

(الموت) يالها من كلمة مثيرة ومخيفة في ذات الوقت. ما أن تذكر حتى ينفطر القلب وتضمحل الابتسامة من على الشفاه وتغور السعادة بسرعة، فهو الجالب للمرض والكآبة ويؤدي إلى أفكار مضطربةٍ في العقل. لايمكن الفصل بين الموت والحياة. فلا حياة دونما موت. لذا لابد من الموت ليكون للحياة معنى. وأي شيء سواء أكان أكبر نجم في السماء أو أصغر ذرة على الأرض عاجلاً أم آجلاً سيموت. الحصى، النباتات، الحيوانات وكل ماهو موجد سيرسل بالتتالي مرة أخرى إلى عالم الفناء. سيتحول كل ذلك إلى حفنة منسية من الغبار. على أية حال، ستظل الحياة تدور بتهور في فضاء لايحد، والطبيعة تستعيد حياتها على بقايا الميتين، الشمس ستشرق، النسيم يهب، الزهور ستملأ الهواء بأريجها وستغني العصافير. ستبتهج كل المخلوقات. ستبتسم السماء، تنتعش الأرض وملاك الموت يجني حصاد الحياة. يتعامل الموت مع جميع المخلوقات بالتساوي ويحدد نهاياتهم بكل نزاهة. لايفرق بين غني وفقير أو بين نبيل ووضيع. إنه يضع الإنسان، النباتات والحيوانات جنباً إلى جنب في حفرهم المظلمة. والمقبرة هي المكان الوحيد الذي يكف الجلادون والمتعطشون للدماء عندها عن الاستبداد ولايعذب فيها الأبرياء. في المقبرة لامكان للمضطهدين والمضطهِدين فالشباب والكهول ينعمون بالأمان. هناك كم يصير النوم هادئاً وساراً! فلن يرى الإنسان صباح اليوم القادم ولن يسمع عاصفة الحياة وجلبتها. الموت المرفأ الأفضل والملجأ لنا من المآسي، الأحزان، المعاناة والمعاملات الوحشية بالموت تنطفئ أي ذرة لنار الشهوة والنزوة. كل الحروب و النزاعات ستزول وكذلك قساوات وصراعات البشرية وتمجيدها لذاتها ستخمد في عمق

التربة الباردة المظلمة وفي الممر الضيق للقبر. لولم يوجد الموت لتاق كل منا إليه. لارتفعت مناجاة اليأس إلى السماء طلباً له. من غيره سيلعن كل منا الطبيعة. كم هو مخيف ومؤلم أن تدوم الحياة. عندما يخمد امتحان الحياة الصعب والقاسي أنوار الشباب المضللة، وعندما تجف ينابيع الحنان وعندما نصير إلى البرودة (الجفاف) إلى الظلمة والقبح لا يشفينا ساعتها إلا الموت. الموت من يسند قاماتنا المنحنية، ووجوهنا المتغضنة وأجسامنا الموجوعة، من يضعها في أماكنها المريحة. آه أيها الموت، يامن تقلل من كآبة وحزن الحياة وتنزع عن أكتافنا حملها الثقيل. وضعت نهاية لشقاء الترحال، والقدر المريض وللتعساء. إنك الترياق للحزن والقنوط. أنت من جفف العيون الباكية. تشبه الأم الرؤوم التي تعانق وتلاعب طفلها وتجعله يخلد للنوم بعد عناء يوم عاصف بالمتاعب. ليست لك مرارة وضراوة الحياة. أنت لاتجر الإنسان للانحراف والفساد وترميه في دوامةٍ مرعبة. إنك تضحك على حقارة، ضعة، أنانية، بخل وجشع البشر وتخفي عيوبهم. من الذي لم يشرب نخبك السام؟ نحن من كونا صورةً مخيفةً عنك. أنت - أيها الملاك المتألق- من اعتبرت شيطاناً ثائراً. لماذا يخافون منك؟ لماذا يخونونك ويتهمونك؟ إنك ضوء لامع اعتبرناك ظلمة. إنك الملاك المبشر بالحنان ولكنهم يندبون عند قدومك.انك لست رسول الحداد والعويل.إنك شفاء القلوب الحزينة.أنت من تفتح باب الأمل لمن لا أمل لهم. أنت من تستضيف عربة الحياة المضنية البائسة وتريح ركابها من عناء رحلتهم. إنك لجدير بالاحترام والثناء. أنت الأبدي ترجمة ـ زكريا الشقاق

انتحار المشير
عبد الحكيم عامر

طريقة الانتحار: السم"من مادة "الأكونيتين"

تاريخ الانتحار: 10 / 10 / 1967

سبب الانتحار: اقالة عبد الناصر له من قيادة الجيش.

الحكاية كما يرويها"سامي شرف مدير مكتب الرئيس عبد الناصر لشـؤون المعلومـات يـروي في مذكراته تفاصيل أيام الأخيرة المشير عبد الحكيم عامر"

"ملاحظة:هناك رواية اخرى انه قتل بالسم ولم ينتحر."

تظل حادثة انتحار المشير عامر واحدة مـن أكـثر حـوادث الانتحـار السياسي إثـارة للجـدل والشكوك والتكهنات في آن واحد. فالحادثة التي جرت في الرابع عشر مـن سـبتمبر مـن العـام 1967 بفيللا صغيرة بإحدى ضواحي الجيزة ما زالت تثير بين الحين والآخر الزوابع بل والأعاصير، التي وصل بعضها إلى قاعات المحاكم من خلال بعض أفراد أسرة المشير التي ما زالت تصر حتى الآن عـلى أنـه "مات مقتولا"

ولم ينتحر".في مذكراته التي بدأ السيد سامي شرف في نشرها تباعـا في صـحيفة "الخليج" الإماراتيـة، يكشف مدير مكتب الرئيس عبد الناصر لشؤون المعلومـات العديد مـن الأسرار الجديـدة في تـأزم العلاقة بين الرئيس عبد الناصر والمشير، ويـروي بالتفصيل وقائـع الأيـام الأخيرة مـن حيـاة المشـير، والعديد من أسرار الأزمة التي بدأت تشتد عقب نكسة يونيو من عام 1967.

الثابت أن العلاقة بين الرئيس جمال عبد الناصر والمشير عبد الحكيم عامر فسدت على نحو درامي وسريع عقب فجيعة نكسة يونيـو المدويـة، التي أصـدر الرئيس عبـد الناصر بعدها قرارا بتنحية عبد الحكيم عامر عن قيادة الجيش وتعيينه نائبا للرئيس، وهو القرار الـذي رفضـه المشـير بشدة، وحزم حقائبه واتجه إلى بلدته في الصعيد ليقضي بها بعض الوقت، غير أنه سرعان ما عـاد إلى القاهرة بعد أيام وتحديدا في أول يوليو 1967، واستقر في منزله بالجيزة. ويؤكد السيد سامي شرف في مذكراته أن نية الرئيس كانت قد استقرت حينذاك ودون تراجع على تنحيـة عبـد الحكيم عـامر ومعه شمس بدران، وإن واصل في الوقت ذاته محاولات احتواء الأزمة ومنع تفاقمها.

إقطاعية تابعة للمشير: كان جوهر القضية حسبما يشـير سامي شرف في مذكراته هـو أن المشير "كان ينظر الى الجيش على أنه إقطاعية تابعة له ولا يريد التنازل عنها تحت أية ظروف، بـل أنه كان يري أيضا في استرداده سلطاته في الجيش بمثابة رد اعتبار له في ضوء مسؤوليته الكبرى عـن وقوع الهزيمة العسكرية، في نفس الوقت الذي كان يسعى فيه الرئيس عبد النـاصر الى إعـادة بنـاء قوات مسلحة جديدة محترفة ووفقا لمعايير تختلف تماما عما كان سائدا قبل النكسة، والعمـل عـلى إبعادها عن الصراعات السياسية وتفرغها الكامل للمعركة القادمة من أجل استرداد الأرض المحتلـة. ويقول سامي شرف أن شمس بدران حاول التقدم بحلول وسط، لكن جمـال عبـد النـاصر أصـر عـلى عدم عودة المشير عامر الى القوات المسلحة مرة

اخرى، بينما أقدم المشير على بعض التصرفات التي زادت الأزمة اشتعالا ربما كان من أهمها قيامه بتوزيع نص استقالة زعم أنه قدمها للرئيس عبد الناصر بعد النكسة، بينما كانت هي نفس الاستقالة التي سبق أن تقدم بها عقب أزمة مجلس الرئاسة سنة 1962، وكانت شقيقة السيدة نفيسة عبد الحميد حواس الشهيرة ببرلنتي عبد الحميد، زوجة المشير عامر- بعقد عرفي- وتدعى السيدة زهرة هي التي قامت بإعادة طبع هذه الاستقالة في إحدى قرى مركز دكرنس بمحافظة الدقهلية، وقامت بتوزيعها هي وزوجها، بهدف خلق رأي عام مؤيد للمشير، وقام جهاز المباحث العامة بضبطهما مع الآلة الكاتبة والمطبعة.كان الغالبية العظمى من رجال الثورة في تلك الأيام العصيبة عقب نكسة يونيو مقتنعين بأن الرئيس لن يتراجع عن إبعاد المشير عن القوات المسلحة كحد ادنى، حسبما يقول سامي شرف، فيما كان البعض الآخر يرى في قبول ذلك إقرار بإدانة المشير وتثبيت أنه المسؤول عن الهزيمة العسكرية، لكن عباس رضوان نجح في إقناع المشير عبد الحكيم عامر بالتوجه لمقابلة الرئيس في منشية البكري. وقد كان ذلك اللقاء هو نقطة البداية للعملية "جونسون" التي وضعها الرئيس عبد الناصر لمحاكمة المشير عامر أمام مجلس قيادة الثورة، وإعلامه بقرار عزله من قيادة الجيش.

العملية جونسون: كان المشير ينظر الى الجيش على أنه إقطاعية تابعة له و يرى في استرداده لسلطاته رد اعتبار له في ضوء مسئوليته عن وقوع هزيمة يونيو.ويروي شرف قصة تلك العملية قائلا: التقينا نحن الثلاثة في مكتبي عقب صلاة الجمعة 25 أغسطس 1967 شعراوي جمعة هويدي وأنا، دخلنا إلى منزل الرئيس، وفي الصالون قام الرئيس بالمراجعة النهائية للخطة وأقرها، وقال إن ساعة الصفر هي الرابعة بعد الظهر من نفس اليوم، ويضيف سامي شرف:" خرجنا إلى مكتبي وقررنا تأخير بدء الاتصالات واستدعاء المسؤولين الذين سيشاركون في

التنفيذ لآخر لحظة ممكنة حيث اتصلت في الرابعة تماما بالرئيس تليفونيا لأخذ موافقته النهائية على بدء العملية.

عندما اكتمل وصول الذين استدعيناهم، عقد في مكتبي اجتماع كان الحضور فيه كلا من: شعراوي جمعة وزير الداخلية، وأمين هويدي وزير الحربية، والفريق أول محمد فوزي القائد العام للقوات المسلحة، واللواء محمد أحمد صادق مدير المخابرات الحربية، واللواء حسن طلعت مدير المباحث العامة، والعميد محمد الليثي ناصف قائد الحرس الجمهوري، والعميد سعد زغلول عبد الكريم مدير الشرطة العسكرية، وتم تلقين الحضور كل فيما يخصه من واجبات حسبما ورد في الخطة، مع التنبيه مشددا على محاولة تفادي إطلاق النار قدر المستطاع.

المحاكمة: في الساعة السادسة والنصف بدأ وصول أعضاء مجلس قيادة الثورة، وبعد نحو خمس عشرة دقيقة أي في السابعة إلا ربعاً تقريبا وصل المشير عبد الحكيم عامر.ويقول السيد سامي شرف عن تلك اللحظات الحرجة: قمت مع شعراوي جمعة بتنفيذ مهمتنا، وكانت تتمثل في اعتقال المرافقين للمشير ووضع سيارته تحت الحراسة بعد تفتيشها في جاراج منشية البكري".

ووفق ما كان واردا في الخطة فقد دخل إلى منزل الرئيس في الساعة السابعة تماما كل من:أمين هويدي ومحمد المصري من مكتب سامي شرف، وأحد الضباط الأحرار والعميد صلاح شهيب، وأحمد شهيب من الضباط الأحرار وعضو مجلس الأمة عن دائرة مصر الجديدة، وكان العميد محمد الليثي ناصف يمر باستمرار حول المنطقة وداخل المنزل.

ويقول مدير مكتب الرئيس عبد الناصر في مذكراته: بدأت من مكتبي والى جواري شعراوي جمعة في تسجيل ما يدور داخل الصالون الرئيسي بمنشية البكري، وللتاريخ فان ما دار قد تم تسجيله بالكامل، ولا أعلم أين توجد الآن هذه التسجيلات وان كنت قد أودعتها في أرشيف التسجيلات السري للغاية في

سكرتارية الرئيس للمعلومات بمنشية البكري، وما أذكره الآن أن حوارا تم أساسا بين جمال عبد الناصر وعبد الحكيم عامر، استعرض فيه الرئيس تاريخ العلاقة الوطيدة والصداقة المتينة مع عامر وتطوراتها على مدى السنوات الطويلة السابقة، وعلى الرغم من انه كان من الواجب مساءلة المشير عامر عما حدث في أزمات 1956 و1961 و1962 بالدرجة الاولى وغيرها وأخيرا ما حدث في يونيو1967 فقد تم احتواء كل هذه الأزمات بتأثير الصداقة، وحفاظا على وحدة القيادة ووحدة البلاد، واستطرد الرئيس موجها كلامه للمشير بما نصه حسبما أذكر بقدر الإمكان:"...ولكن كونك تتآمر يا عبد الحكيم - وليس يا حكيم كما كان يناديه باستمرار وكما تعودنا كلنا على سماعه- فهذا وضع لا يمكن قبوله أو السكوت عليه، ويعني أيضا أنك تتنكر للاتفاق الذي تم بيننا عقب نجاح الثورة في 23يوليو، من أن أي واحد فينا من أعضاء مجلس قيادة الثورة إذا اختلف أو لم يكمل المسيرة لأي سبب، لا يتآمر".فقاطعه المشير عامر قائلا: "أنا لا أتآمر ولم أتآمر وأنا بأرفض كلامك ده!".

فرد الرئيس قائلا: "انت تآمرت فعلا وسوف أذكر لك حادثة واحدة من وقائع ثابتة، عندي الكثير منها وبأقول لك: انت بعثت بسكرتيرك محمود أحمد طنطاوي للفريق صدقي محمود من خمسة أيام برسالة تتضمن انك تنوي الاستيلاء على السلطة، وانك تطلب من صدقي محمود أن يشترك معاك ويحضر لمقابلتك، ولكن صدقي أبدى عدم موافقته لدرجة أن حرم الفريق صدقي شتمت سكرتيرك وطردته من المنزل وقفلت الباب بشدة خلفه، ودي واحدة من آلاف غيرها".

ويقول سامي شرف أن عبد الناصر أضاف مخاطبا عامر:" تحب نقول وقائع تآمرية تانية علشان الإخوة كمان يعرفوا ويتأكدوا من اللي بيحصل من تصرفات غير مسؤولة، وغير محسوب المصائب اللي حا تترتب على المضي فيها بلا حساب لما نحن فيه من وضع حساس داخليا وخارجيا"؟ فسكت المشير لكن عبد الناصر

استطرد قائلا:" أنا في الحقيقة موش عارف ليه انت بتربط نفسك بالقوات المسلحة وبقيادة الجيش، هل إحنا لما قمنا بالثورة كان هدفنا أن أتولى أنا رئاسة البلد وانت تتولى قيادة الجيش؟.. "عايز أفكركم كلكم وانت بالذات مين اللي رشحك، واقترح وأصر على تعيينك قائدا عاما موش أنا اللي كنت وراء هذا التعيين"؟،"وإذا كان الأمر كذلك طيب ألم يكن من الطبيعي بعد الانفصال وما حدث وموقف الجيش ومكتبك هناك ودورك أن تحاسب على ما حدث"؟.. "حتى بعد ذلك ألم تكن هناك أكثر من مؤامرة ضد النظام ضبطت وهي من صنع رجال يعملون في مكتبك يا عبد الحكيم"؟.

ويقول شرف في مذكراته أن المشير لم يتمالك أعصابه عند هذا الحد من اللقاء، فانفعل وبدأ يفقد أعصابه فقال له الرئيس: "الأمور واضحة.. انت راجل متآمر وعلك أن تقدر الموقف الصعب اللي بنمر فيه وعلك أن تلزم بيتك من الليلة".

عبد الناصر أقام محاكمة للمشير في منشية البكري بحضور مجلس قيادة الثورة والمشير يقول لأمين هويدي:" رتبتم كل حاجة.. واضح إن الحكاية محبوكة على الآخر".وبالطبع رفض عبد الحكيم عامر بشدة هذا القرار، وهو ما دفع بعض الحاضرين - الأصوات كانت متداخلة لكن كان من بينهم صوت السادات- إلى محاولة إقناع المشير بقبول هذا القرار، إلا أنه قال لهم في غضب:" انتم بتحددوا إقامتي وبتحطوني تحت التحفظ قطع لسانك يا...

الانقلاب يبدأ من الجيزة: حاول الحاضرون إقناع المشير في تلك الليلة بأن هذا القرار يحقق مصلحة البلاد العليا، غير أنه كان غاضبا للغاية وأصم أذنيه تماما، وبدا أنه يعيد النظر في كل شيء متجها بفكره وبصره إلى بيت الجيزة والاستعدادات والرجال هناك والمجموعة التي كانت معترضة على إتمام هذا اللقاء،

دون أن يدري شيئا بأمر الاتصالات بين سامي شرف وبين كل من الفريق فوزي واللواء حسن طلعت واللواء محمد أحمد صادق.

كانت القوة التي تم تشكيلها بعلم الرئيس عبد الناصر قد نجحت بالفعل في حصار منزل المشير بالجيزة، غير أن بلاغا تلقاه سامي شرف من قيادة تلك القوة عن حريق محدود بفيلا المشير، كاد يقضي على أدلة الإدانة التي وجهها عبد الناصر ومجلس قيادة الثورة اليه، ويضيف سامي شرف:" جاءني بلاغ من داخل البيت من مصدري هناك بأن النيران نتيجة محاولة كل من عباس رضوان وشمس بدران وبعض الضباط حرق أوراق وخرائط في بدروم المنزل، من ضمنها أوراق جمعها شمس بدران من غرفة نوم المشير على عجل وترك ورقتين أو سقطتا منه وهاتين الورقتين، وكانتا من أهم الدلائل أثناء المحاكمة لإثبات التآمر وإدانته.ويضيف سامي شرف:" كنت أبلغ عبد الناصر أولا بأول بكل هذه البلاغات، إما عندما يخرج من الصالون ويتصل بي من غرفة مكتبه لمعرفة آخر الأخبار، أو كنت أبلغ بها أمين هويدي لينقلها للرئيس.

الانتحار الأول: فيلا المشير في الجيزة والفجر يكاد ينبلج، وإذا بالفريق محمد فوزي يتصل ليبلغ سامي شرف بتمام إنهاء الاعتصام والقبض على كل من كانوا داخل المنزل، عندها فقط صعد الرئيس إلى الدور العلوي بعد أن قال للمجتمعين: لما تهدأ الأمور ابقوا اندهوا على.

كان المشير عبد الحكيم عامر قد انتقل قبل تلك الجلسة العاصفة بأسابيع الى منزله في الجيزة، وكان المنزل يتكون من طابقين وبدروم ويطل على النيل في المنطقة بجوار فندق شيراتون القاهرة، وفيه حديقة كبيرة ومحاط بسور عال، وكان يوجد بالبدروم مكاتب السكرتارية والحراسة الخاصة للمشير، وفي هذا المنزل ازدادت الحركة حيث أخذ يتصل به الضباط من الذين عادوا حديثا من سيناء وبعض العناصر المدنية والعسكرية الأخرى، الى جانب إخوته وأقاربه الذين قدموا من

"أسطال" بلدة المشير في محافظة المنيا، وقد حضر عدد منهم بناء على طلبه للإقامة معه في منزله بالجيزة، غير أنه مع اتساع الحركة غير العادية في منزل المشير عبد الحكيم عامر، كلف الرئيس عبد الناصر صلاح نصر بالاتصال بالمشير وإبلاغه بأن هذا الوضع لا يليق وغير مقبول، وأنه يجب إنهاؤه، لكن المشير عامر رد عليه بأنه سوف يغادر منزله الى بلدته أسطال في محافظة المنيا في صعيد مصر وفعلا سافر اليها، وأخذ يلتقي بأفراد عائلته وأبناء البلدة ويردد في جلساته معهم أنه لن يرضي إلا بالعودة لقيادة الجيش، وأنه لن يقبل أن يكون طرطورا.. أو تشريفاتي كصلاح الشاهد!.

ويروي سامي شرف ما حدث عقب تلك الساعات العصيبة التي حاكم فيها عبد الناصر المشير أمام مجلس قيادة الثورة قائلا: خرج المشير من الصالون متوجها إلى دورة المياه، وقابل أمين هويدي على الباب فقال له: أهلا بوزير حربيتنا.. الله.. الله.. ده انتم مجهزين كل حاجة والحكاية محبوكة على الآخر".

دخل عبد الحكيم عامر إلى دورة المياه، ثم خرج بعد قليل حاملا ورقة سيلوفان فارغة وكوبا في يده رماها على طول امتداد ذراعه قائلا: "اطلعوا بلغوا الرئيس إن عبد الحكيم خد سم وانتحر"، ثم دخل إلى الصالون بهدوء ليجلس على نفس الكنبة التي كان يجلس عليها وهو يبتسم في هدوء وكأنه لم يفعل شيئاً، فصعد أمين هويدي مهرولا إلى الدور العلوي ليبلغ الرئيس الذي استقبله على رأس السلم وقال له:" أنا سمعت ما قيل واللي بيحصل ده كله تمثيل".استدعي الدكتور الصاوي حبيب طبيب الرئيس الخاص وكان موجودا في منشية البكري فدخل على عجل وحاول أن يقوم بإسعاف المشير الذي رفض أن يستجيب له مما اضطر معه أن يقوم حسين الشافعي بالإمساك بالمشير بشدة حتى يتمكن الدكتور من حقنه وحاول أن يضع إصبعه في فمه ولكن من دون جدوى.

أمين هويدي أبلغ الرئيس بمحاولة المشير الانتحار أول مرة فقال له عبد الناصر: "لا تصدقه ده بيمثل".

في الساعة الرابعة وخمسين دقيقة تقريبا اتصل الفريق أول محمد فوزي وأبلغني أنه انهى العملية بنجاح ومن دون أي خسائر، وأن المنزل أصبح خاليا إلا من عائلة المشير، حيث حددت إقامته هناك بين أهله وأولاده فجر يوم السادس والعشرين من أغسطس1967 تحت حراسة أفراد من القوات المسلحة المصرية.

المشير تحت السيطرة: في الخامسة والنصف صباحا حضر الفريق فوزي إلى سكرتارية الرئيس للمعلومات بعد أن تأكد من تأمين الأوضاع بالكامل في منطقة الجيزة، وبعد إلقاء القبض على كل الذين كانوا موجودين ببيت المشير وفي مقدمتهم شمس بدران وعباس رضوان كما تم تفريغ المنزل من كل الأسلحة والذخائر والتي حملت في ثلاثة عشر "لوري" حمولة ثلاثة أطنان، وتولي قيادة الحراسة على المنزل اثنان من العمداء يتناوبان على مدى الأربع والعشرين ساعة.ويقول سامي شرف:" كانت تعلمات الرئيس المشددة تنص على عدم المساس بأسرة المشير وأن تكون موضع الرعاية الكاملة حتى لو حدث أي نوع من التطاول، وبعد السيطرة على المنزل بدأ تفتيش المكاتب والبدروم فقط، وضبطت كل بقايا الأوراق والخرائط المحروقة وكذا نسخ كثيرة من الاستقالة وبعض أوراق لم تحرق كانت ذات فائدة في التحقيقات والمحكمة بعد ذلك، وبعد أن استقر المشير في المنزل تم قطع جميع الخطوط التليفونية ما عدا خطاً واحداً فقط رؤي الإبقاء عليه.

حاول المشير أن يتصل بالرئيس أكثر من مرة، لكنه لم يستجب له فأرسل اليه ورقة تسلمها محمد أحمد السكرتير الخاص للرئيس، يطلب فيها رفع الإقامة الجبرية عنه وإلا فإن الرئيس سيندم ومرة اخرى لم يستجب عبد الناصر للتهديد.غير أنه وفي الثالث عشر من سبتمبر 1967 ومع تواصل نشاط واتصالات المشير عامر تليفونيا ومعه بعض من أقاربه وإخوته، بهدف تاليب الرأي العام ضد النظام بعد

وضعه تحت الإقامة الجبرية، أصدر الرئيس قرارا بنقل المشير عامر إلى مكان أمين منعزل يتعذر معه إجراء مثل هذه الاتصالات والنشاط، وكلف الفريق أول محمد فوزي مرة ثانية بتنفيذ القرار فتوجه وبصحبته الفريق عبد المنعم رياض رئيس الأركان واللواء سعد زغلول عبد الكريم مدير الشرطة العسكرية وبعض الضباط من الحرس الجمهوري إلى منزل المشير وكان الضابط المسؤول عن الحراسة في ذلك اليوم العميد محمد سعيد الماحي الذي شارك في تنفيذ المهمة.

وحسب رواية السيد سامي شرف فقد دخل الفريق عبد المنعم رياض أولا ودعا المشير عامر لتنفيذ أمر رئيس الجمهورية والقائد الأعلى للقوات المسلحة فابى تنفيذه، وتردد في البداية ولكن الفريق رياض تلطف معه ونصحه بمرافقته، وفي تلك اللحظة تناول عبد الحكيم عامر شيئا وضعه في فمه وأخذ يمضغه، مما لفت أنظار الكل والعائلة وصرخت احدي كريماته بأن أباها تناول سما، ثم دخل المشير في مرحلة فقدان الاتزان فاصطحبه الفريق عبد المنعم رياض بسرعة إلى الخارج، وحاول هو والفريق أول محمد فوزي أن يضعوه في سيارة الإسعاف التي كانت مجهزة كإجراء احتياطي، إلا أن عامر رفض ركوبها فما كان منهما إلا أن وضعاه في سيارتهما وتوجها إلى مستشفى المعادي للقوات المسلحة التي كانت أخطرت على عجل لعلاج حالة طارئة.

محاولة الانتحار الثانية

في الطريق إلى المستشفى طلب الفريق رياض من المشير إخراج ما في فمه، وبعد تمنع اضطر لطرد باقي ما كان في فمه وكان عبارة عن مادة تشبه اللادن الأصفر في ورق سولفان، فتلقفه ضابط الحرس المرافق الرائد عصمت محمد مصطفي، وكان معه النقيب محمد نبيل إبراهيم والنقيب عبد الرؤوف حتاتة من الحرس الجمهوري، ووضع الرائد عصمت ما تلقفه في منديل ورق حيث سلمه للمعامل فور وصولهم إلى المستشفى وهناك أجريت الإسعافات السريعة وعمل

الأطباء: اللواء عبد الحميد مرتجي والعميد محمود عبد الرازق والعميد عبد المنعم القللي والمقدم عبد المنعم عثمان والرائد أحمد محمود عبد الله والرائد حسن عبد الحي على محاولة غسيل لمعدته، ولما رفض أعطي محلولا ليتقيأ وتم ذلك فعلا وعندما قال له اللواء عبد الحميد مرتجي قائد المستشفى بعد تقيئه بشدة أنه لم يعد هناك خطر الآن على حياته قال المشير: "ده أسوأ خبر سمعته".

ويقول سامي شرف:" بعد فترة قرر الأطباء أن الحالة أصبحت مستقرة وطبيعية ومطمئنة، وبناء على ذلك قرر الفريق فوزي استئناف المهمة، واتجه بالركب إلى استراحة المريوطية وفي الساعة السابعة مساء ذلك اليوم أظهرت المعامل نتيجة تحليل ما لفظه وتقيأه المشير عامر وأبلغ المقدم طبيب عبد المنعم عثمان أن التحليل أظهر آثارا لمادة الأفيون.

وفي استراحة المريوطية التي سبق اختيارها كمقر لإقامة المشير عامر كان في استقبالهم هناك قرابة الساعة الخامسة والنصف من بعد الظهر، العميد محمد الليثي ناصف ومجموعة من ضباط الحرس الجمهوري والنقيب طبيب مصطفي بيومي حسنين وبعض أفراد الخدمة والإعاشة والحراسة ولم يطلب المشير شيئاً سوي عصير الجوافة، وقد مكث الفريق محمد فوزي والفريق عبد المنعم رياض مع المشير نحو الساعة دار فيها حوار حول الموقف العسكري، وقال لهم المشير أن عليهم أن يطلبوا تعويض السلاح من الاتحاد السوفييتي الذي هاجمه واعتبره أنه خذل مصر، وقال لهما:" عندكم الرجالة كتير في البلد، وكل ما علكم هو استئناف القتال"، ثم قال: يا فوزي ويا رياض... تبلغوا الرئيس أنه إذا لم ينه هذا الوضع في أربعة وعشرين ساعة فانه سيتحمل مسؤولية ما سيحدث".

نجا المشير من محاولة الانتحار الثانية فقال للطبيب المعالج: ده أسوأ خبر سمعته.ويقول سامي شرف:" أبلغ الفريق فوزي هذه الرسالة للرئيس، بعدما غادر

هو والفريق عبدالمنعم رياض الاستراحة، وكان المشير قد طلب ماكينة حلاقة وبعض الكتب التي وصلته في نفس الليلة.

جلوكوز في الوريد: في يوم الرابع عشر من سبتمبر، لم يتناول المشير أي طعام إلا بعض السوائل، وفي الساعة العاشرة من صباح ذلك اليوم تم تغيير النوبتجيات الطبية والحراسات، فاستلم الرائد طبيب إبراهيم البطاطا نوبته، وشرح له زميله حالة المشير الصحية وتطوراتها وطمأنه بأن الحالة تشير إلى التحسن كما ذكر له الأدوية التي أعطاها له، لكن المشير لم يتناول طعام الغذاء نظرا لاستمرار القيء، وقرر الطبيب المعالج إتمام تغذيته بمحلول الجلوكوز عن طريق الوريد، ويقول سامي شرف:" قرابة الساعة الرابعة من بعد الظهر أبدي المشير للدكتور البطاطا شكوى من ألم في أسنانه فأعطاه حقنة نوفالجين، وبعد ذلك دخل المشير الحمام وتقيأ ثم طلب بعض الماء ليغتسل في غرفته فحمل له أحد السفرجية - منصور أحمد- الماء فاغتسل ثم رقد على السرير، وفي الساعة الخامسة مساء دخل الطبيب حجرة المشير فوجده نائما وكان نبضه وضغط دمه طبيعيين، غير أنه وبعد السادسة بقليل وأثناء توجه الطبيب مرة ثانية إلى غرفة نوم المشير سمع استغاثة السفرجي منصور الذي نادي عليه ليسرع إلى غرفة المشير حيث قرر أنه سمع صوت "شخير" عال صادر عن المشير، ولما دخل الطبيب وجده راقدا على الفراش في حالة غيبوبة ونبضه ضعيف، فسارع بإعطائه حقنة "كورامين" و"أمينوفلين" كما أجري له تنفسا صناعيا من أنبوبة الأوكسجين، ولم يجد ذلك كله حيث تحققت وفاة المشير عبد الحكيم عامر قرابة الساعة السادسة وأربعين دقيقة.

وحسب تأكيدات الطبيب المعالج فإن المشير عامر لم ينطق بأي عبارات في الدقائق التي سبقت وفاته وكل ما تكلم به مع الطبيب أثناء تعلق أنبوبة الجلوكوز هو أنه قال له:

مفيش فايدة من كل اللي بتعمله ده: ويقـول سـامي شرف:" في السـاعة السـادسة وخمـس وأربعين دقيقة أبلغني العميد محمد الليثي ناصف قائد الحرس الجمهـوري بنبـأ وفاة المشـير عبد الحكيم عامر فقمت بإبلاغ الخبر للرئيس بالإسكندرية في الحـال وكان الخبر صاعقاً بالنسبة لنا جميعا، أما بالنسبة للرئيس فقد وضع سماعة التليفون بمجرد سماعه الخبر.

ويقول السيد شرف أن عبد الناصر أمر بإبلاغ وزير العدل والنائب العام وكبير الأطبـاء الشرعيين فورا لاتخاذ الإجراءات القانونيـة، بـل وابلغنـي الرئيس بـأن زكريا محيـي الـدين وأنور السادات وحسين الشافعي وعلى صبري في طريقهم للقاهرة الآن، وقال لي: أريد عنـدما أصـل إلى القاهرة أن تكون الصورة واضحة أمامي، ولم ينتظر الرئيس تجهيز السيارات أو الحراسات بل توجـه لركوب أول سيارة كانت أمامه، ووصل إلى منشية البكري لمتابعة الموقف

النائب العام يحقق: بدأت التحقيقات في واقعة انتحار المشير تحت إشراف السـيد عصـام الدين حسونة وزير العدل وانقسم التحقيق إلى قسمين:الأول: تحقيق الطب الشرعي و أشرف عليـه الدكتور عبد الغني سليم وكيل وزارة العدل لشؤون الطب الشرعي ويعاونه الـدكتور يحيى شريف أستاذ الطب الشرعي والدكتور على عبد النبي أستاذ الطب الشرعي بجامعة القاهرة والدكتور كمال السيد مصطفي، مساعد كبير الأطباء الشرعيين.والثاني: يتولاه النائب العام المستشار محمد عبـد السلام يعاونه المحامي العام وعدد من رجال النيابة العامة ويتولى التحقيق في كل ظروف الحـادث ومع كل الذين كان لهم ادنى علاقة به بمـن فيهم أسرة المشـير وأطقـم الحراسة وهيئـة مستشـفى القوات المسلحة بالمعادي وكل من كان في استراحة المريوطية.

وقد أصدرت النيابة العامة أول بيان لها يـوم 1967/9/16 جـاء فيه "أن التحقيقـات بدأت بسؤال كل من الفريق فوزي والفريق عبد المنعم رياض وكل من

كان له صلة في هذه المأمورية منذ أن بدأت وكذا هيئة مستشفى المعادي الخ، وجاء في البيان بعد ذلك ما يلي بالنص:"... كما ثبت اليوم بصفة قاطعة من التحليل الضوئي والكيماوي الـذي أجرتـه مصلحة الطب الشرعي أن المادة التي وجدت مخفاة تحت الشريط اللاصق وزنها 150 ميليجرام هي مادة "الأكونيتين"، وهي عقار شديد السمية سريع الأثر، يكفي نحو ميليجرام أو اثنين منه لإحـداث الوفاة في مثل الظروف والحالة التي شوهد عليها الجثمان...

موت المشير انتحار ام نحر؟!:

أعتبرت وفاة عامر انتحارا، لكن بضعة أشخاص في مصر من بينهم أرملته برلنتي عبدالحميد رفضوا تصديق ذلك، وسعوا لإثبات العكس. والفرضيات بشأن "القتل" عوضا عن الانتحار تظل قائمة دائما بمثل حالة المشير. وتؤكد برلنتي " أن السياسة كعمل عصابات المافيا، بها ارتباطات وعلاقات معقدة، وفيها كشف لأسرار ناس، ما يجعل قتـل السياسـيين ممكنـا جـدا. وتقول برلنتي إن عامر أخبرها بعد هزيمة يونيو 1967 بفترة، أنه سيقتل لأنه سيكشف كل شيء،، الأمر الذي لا يصعب أبـدا على أنظمة ديكتاتورية حسب قولها."عامر لم يحاول قط الانتحار" تقول برلنتي أن عبدالناصر شخصيا هو من أعطى الأوامر بقتل عامر. "المسألة بدأت باطلاق شائعات عن عامر، وعن مسؤوليته في الهزيمة، هل كان عامر مسؤولا عـن كـل ذلك، والقرارات العنجهيـة أمـام دول أقـوى عسـكريا، والأسلحة الهالكة، والجيش المنهك". حاول عبدالناصر خداعهم - أي الغرب وإسرائيل - لكنـه هـزم، وبحث عن كبش فداء - تقول برلنتي - هو المشير عبدالحكيم عامر.

انتحار العقيد مدير الامن القومي السوري عبدالكريم الجندي

طريقة الانتحار: رصاصة من مسدس على الصدغ الأيمن

تاريخ الانتحار: ليلة 1ـ2آذار 1969

سبب الانتحار: الخوف من تقديمه الى محكمة عسكرية بتهمة الخيانة القـومية

ان الحـديث عـن انتحـارالجنرال عبدالكريم الجندي الـذي كـان رجـل سوريا المرعـب والمخيف بعد ان أصبح مديرا لمكتب الامن القومي (الإستخبارات العسكرية المخابرات العامة) يجـر بالضرورة الى الحديث ولو بايجاز عن حقبة تاريخية من اسوا الحقب التي مرت فيه سوريا بعد مـا سمي بالاستقلال. وقد حصلت الحادثة في صبيحة أحد الايام في ذروة أزمة طاحنة بين وزير الـدفاع وقائد سلاح الجو الأسبق حافظ الاسد وبين قيادة الحزب والدولة الممثلة في ذلك الحـين بالـدكتور نورالدين الاتاسي واللواء صلاح جديد والدكتور يوسف زعين والدكتور إبراهيم ماخوس.

ولد عبد الكريم الجندي في بلـدة السـلمية في سورية عـام 1932، ودرس في مـدارس البلـدة، وعندما أنهى تعلمه الثانوي: انتمى لحزب البعث ثم دخل الجيش

وترقى فيه وكان برتبة نقيب عندما نقل سرب الطيران الليلي الـذي يعمـل فيه إلى القاهرة، إبّـان الوحدة السورية المصرية، وفي عام 1960 كان عبد الكريم الجندي من بين الأعضاء المؤسسـين للجنـة العسكرية السرية (جديد ـ عمران ـ الأسد ـ الجندي ـ المير) والتي كانت أهـدافها: النظر في قضية الوحدة والانقضاض عليها، للسيطرة علـى السـلطة في سورية.وكان عبدالكريم الجندي مـن غـلاة المتطرفين في دعوة الالتحام بالمعسكر الاشتراكي بعدما حدثت هزيمـة 1967.وفي شتاء 1969 حـدثت ازمة واشتباك بين جماعة الحكم في دمشق، ففريق كان يـدعو للاستعداد والمغـامرة باشعال فتيل الحرب مع اسرائيل حتى ولو اقتضى الحال ان تكون حرباً شعبية شبيهة بحرب فيتنام مع القوات الاميركية، وكان على رأس ذلك الفريق اللواء صلاح جديد ومن جماعته العقيد عبدالكريم الجندي الذي لم تكن له شعبية تسند مركزه الوظيفي الذي لم يكن قد احسن التصرف في ممارسته بالنسبة للتعامل مع السياسيين المخالفين في الرؤى والاتجاهات لنظام الحكم يومذاك، فضلاً عن ان الجندي كان من طائفة الاسماعيلية، وهي اقلية طائفية لـيس لهـا في سوريا مـا كـان للطائفـة العلويـة مـن ونفوذ على خريطة الحكم في سوريا منذ عام 1963 وحتى اليـوم.كان عبد الكريم الجندي، شـاباً عاطفياً حاد الطبع إلى درجة عدم الاتزان. وتمثلت حدة طبعه على شكل أعمال شـديدة الوحشيـة، كانت تمارس في مقرات الأمن في عهده. وكان لا يطيق أن يشار إليه بنقد ولو على سبيل الدعابة أو المزاح وكان عبد الكريم متحالفاً مع صديقه صلاح جديد، في شبكة التوازنـات الحزبيـة التـي كانت سائدة، وقد ظل صلاح جديد مسيطراً على الأمن والمخابرات العامـة بواسطة صديقه عبد الكريم هـذا، علـى الـرغم مـن بـدء تقلـص نفـوذه في الجيش، أمـام تصـاعد قـوة رفيقـه اللـدود حافظ الأسد..وعندما نشبت ازمة شتاء 1969 بين فريقي السلطة وكان على رأس أولهما صلاح جديد ومعـه رئيس الدولة نور الدين الأتاسي بينما كان على رأس الفريق الثاني الفريق حافظ الأسد وزيـر الـدفاع وقائد

سلاح الطيران، ومع ان جديد والاسد من الطائفة العلوية فقد اختلفت بهما السبل من حيث النهج السياسي وتقاطع اتجاه كل منهما بالنسبة لما افرزته هزيمة 1967، او لربما حتى بالنسبة لما يطمح اليه كلاهما من التفرد بالسلطة والانفراد بالزعامة الى جانب احتكار سلطة اتخاذ واصدار القرار في الشؤون والقضايا والمواقف الاستراتيجية، وقد قام الجندي بتوسيع أجهزة الدولة القمعية توسيعاً كبيراً، فجند جيشاً من المخبرين الصغار، وتفنن في ابتداع أساليب التعذيب النفسي والجسدي، على نحو لم تعرفه سورية من قبل، كما كانت الأجهزة التي يرأسها تعتقل الناس على الشبهة فحدثت اعتقالات تعسفية كثيرة، ومظالم شديدة. وقد التصقت كل هذه المظالم باسم عبد الكريم الجندي.

وكان الجندي من بين أعضاء لجنة التحقيق التي كشفت عن مؤامرة بعض الضباط الدروز بقيادة سليم حاطوم للانقلاب على حكم صلاح جديد، حيث ألقى القبض على سليم حاطوم وقام الجندي بنفسه بتكسير أضلاع رفيق دربه السابق (سليم حاطوم) قبل إرساله لتطلق عليه النار وهو بين الحياة والموت.

وبدءاً من شباط 1969 اشتد التنافس بين جديد والأسد، وراح مؤيدوهما يتصارعون وعلى مستوى (الفتوات والقبضايات) بالمسدس والقبضة، وكان العقيد عبد الكريم الجندي مدير قوى الأمن التابع لجديد يدير الصراع من ناحية وشقيق حافظ الأسد الأصغر رفعت يديره من ناحية أخرى... وانفجر الصراع عندما اعتقد رفعت بأن (صلاح جديد) يخطط لاغتيال شقيقه، فقد أوقفت سيارة كانت تحوم قرب منزل حافظ الأسد، واعترف سائقها بعد الاستجواب بأن الجندي أرسله لاغتياله، فقرر رفعت الأسد نزع سلاح عبد الكريم الجندي لأنه ما لم يتم ذلك فلسوف يكون هو وأخوته عرضة للخطر. وفي الأيام الأربعة ما بين 25ـ 28 شباط 1969، قام الأخوان: حافظ ورفعت بانقلاب مصغر، فحركا الدبابات إلى النقاط الهامة في العاصمة، واستبدلا الضباط الأمنيين الموالين لصلاح جديد بآخرين

موالين لهما. في ذلك الوقت دارت شائعات كثيرة حول إنتحار عبدالكريم الجندي، وقيل وقتها ان ما جرى لم يكن انتحارا وإنما إغتيالا بكاتم الصوت وقيل أيضا بأن الجندي بعد ان وجد نفسه محشورا في زاوية حرجة بعد ان غدت موازين القوى في نهايات العام 1968 محسومة لمصلحة حافظ الاسد لم يجدحلاسوى ان يتخلص من نفسه برصاصة في الصدغ.وقيل ان الانتحار حصل بعد مكالمة هاتفية مع رئيس شعبة المخابرات العسكرية على ظاظا اثر خلاف حاد بينه وبين الأسد في مؤتمر الحزب في فبراير من العام ذاته، وكان الجندي إلى جانب صلاح جديد.وقد «قطعت جهيزة قول كل خطيب» عندما اعلن راديو دمشق، فجأة وعلى غير انتظار، نبأ انتحار العقيد عبدالكريم الجندي في مكتبه بمقره، مقر الأمن القومي العام.. وهكذا طويت صفحة الازمة المشتعلة بين جناحي صلاح جديد وحافظ الأسد، ولو الى حين.. حيث انشغل المتخاصمون بانتحار الجندي، كما ظلت الاشاعات تتردد في شتى المحافل متسائلة باستغراب عما اذا انتحر الجندي حقاً ام انه نحر برصاص خصومه.. وبعد يومين اثنين من انتحار عبدالكريم الجندي جاءت المفاجأة الصاعقة بما نشرته صحيفة «النهار» البيروتية لما اسمته «وصية عبدالكريم الجندي» وقد كتبها لتنشر بعد وفاته.. ولم تكن تلك الوصية تتحدث عن شؤون شخصية كما هي حال الوصايا التي يكتبها الاشخاص لتطبق بعد ان تدركهم الوفاة انما كانت وصية سياسية، وكانت تتناول اموراً تتصل بالازمة والصراع اللذين نشآ بين جناحي صلاح جديد وحافظ الاسد، واخطر ما ورد في الوصية دعوة الجندي رفاقه الى الحذر من ارتباط حافظ الاسد بالمخططات الاميركية التي ستقود سوريا الى الارتباط بل الانقياد الى تنفيذ تلك المخططات الضارة بالمصالح السورية، وجاء نشر وصية الجندي في ذلك الجو السياسي المشحون بالاشاعات التي تتحدث عن نحر الجندي وليس انتحاره..فيصل حسون.

انتحار رئيس الوزراء العراقي في عهد الملكية
عبد المحسن السعدون

طريقة الانتحار: رصاصة من مسدس في القلب

تاريخ الانتحار: 1929/11/13

سبب الانتحار: الكآبة بسبب مستقبل العراق السياسي

"انتهت قصة الصراع بين عبد المحسن السعدون وبين نجله؛ بفصل تراجيدي؛لينتحر بعد أن إتهمه نجله (بالخيانة العظمى)؛ بعد توقيعه على اتفاقية يعد عبد المحسن السعدون احد ابرز الاسماء في تاريخ العراق الحديث وخاصة في الفترة المهمة من تاسيس الدولة العراقية في بدايات القرن الماضي وكان السعدون(1879-1929) قد شغل منصب رئاسة الوزراء اربع مرات في السنوات1922,1925,1928 و1929. والجدير بالذكر ان السعدون كان عضوا في في مجلس النواب العثماني ممثلا لاحدى الولايات العراقية وايضا شغل منصب ضابط رفيع في الجيش العثماني, حيث كان من اشد المناهض ين للاحتلال البريطاني للعراق كما ساهم في المعارك ضد قوات الجنرال (مود). وكان خطه السياسي يتسم بالوسطية بين طرفي المعادلة الانكليز والمطالب الوطنية , ونتيجة لهذا الخط السياسي فقد خسر الطرفين

البريطانين والمعارضة العراقية وكلف عبد المحسن السعدون بتشكيل ثاني وزارة عراقية بعد نقيب اشراف بغداد عبد الرحمن النقيب وشغل ايضا منصب وزير الخارجية ولغرض تقوية منصبه شكل حزبا جديدا اسمه(حزب التقدم) وكان من اهم اهداف الحزب دخول العراق عصبة الامم المتحدة واجراء تعديلات على المعاهدة العراقية البريطانية اضافة الى مساهمته المهمة في ابقاء الموصل جزءا لا يتجزا من العراق وذلك من خلال المعاهدة (الانكليزية-التركية- العراقية) في الخامس من حزيران 1926.

ان رجل بمستوى عبد المحسن السعدون يقرر الانتحار لمجرد ان الشعب قد ظن انه يقف بجانب الانكليز واتهمه انه قد خان الوطن فيقرر ان يترك هذا العالم وكل شئ الوطن والعائلة والمنصب ليترك للتاريخ ان ينصفه رغم انه كان قادرا على ان يثبت لهم العكس , فدعونا نعمل مقارنة بين التاريخ الذي عاش به السعدون قبل مايقارب القرن حيث ممارسة الديمقراطية وانتخاب الوزارات واسقاطها ودور المعارضة البارز والوطني ودورها في النقد والتاثير على القرار السياسي وعشرات الصحف والمجلات, والتاريخ الذي جاء بعده واذا بعصابات تدعي الوطنية تاتي لتخطف العراق كرهينة لعشرات السنين رهينة لافكار ومبادئ اقل ما يقال عنها انها بعيدة كل البعد عن كل ماهو حضاري وديمقراطي وانساني ولتوصل العراق بعد ان كان متوقع له ان يتدرج بالتطور والنمو الطبيعي مع الامكانات الموجودة والمتاحة ان يصل الى مصاف الدول المتقدمة.وقبل رحيل السعدون منتحرا كتب في وصيته لابنه على: "ولدي وعيني ومستندي على ، اعفي عني عما ارتكبته من جناية لاني سئمت هذه الحياة التي لم اجد فيها لذة وذوقا وشرفا. الامة تنتظر الخدمة والانكليز لايوافقون ,ليس لي ظهير , العراقييون عاجزون عن تقدير نصائح ارباب الناموس امثالي يظنون اني خائن للوطن وعبد للانكليز, ما اعظم هذه المصيبة انا الفدائي اشد اخلاصا لوطني قد كابدت انواع الاحتقارات وتحملت المذلات

في سبيل هذه البقعة المباركة التي عاش فيها ابائي واجدادي مرفهون وبعدها يكتب موصيا ابنه على:

"ياابني ان نصيحتي الاخرى هي ان تشفق على اخوتك الصغار اللذين سيبقون يتامى وتحترم والدتك وتخلص لوطنك , ان تخلص للملك فيصل وذريته اخلاصا مطلقا, سامحني يا ابني على" ثم قرر الانتحار في البيت الذي استاجره في شارع ابي نؤاس(كرد الباشا). وهنا نعرج على ان وصية عبد المحسن كانت باللغة التركية ويعود ذلك لسببين اولهما ان ثقافة السعدون هي ثقافة عثمانية وكان السعدون قد امضى شبابه في اسطانبول بوظيفة (المابين) وهي وظيفة شرفية, وتعني التشريفات,يمنحها السلطان لابناء الرؤساء والامراء في الامبراطورية العثمانية, والسبب الثاني والاهم ان زوجته تركية وبالكاد تجيد التحدث بالعربية.

من مواقفه الانسانية النبيلة تجاه شعبه: كان قاصدا مكتبه برفقة وزير خارجيته, تعرض لهجوم من قبل شخص يدعى السيد عبد الله حلمي وضربه بشفرة حلاقة مما سبب جرحا في الرقبة والكتف وسبب الهجوم ان هذا الرجل كان موظفا حكوميا وطرد من وظيفته لاسباب لا علاقة للسعدون بها وما كان من السعدون الا ان يتنازل عن حقه الشخصي- طالبا من الشرطة الافراج عنه حين قال:لاتمسوه..... وهناك حكاية اخرى ابطالها السعدون والشاعر الكبير معروف الرصافي والعلوية زكية ,كان شاعرنا الكبير معروف الرصافي يتلقى مساعدة شهرية مقدارها 50 روبية من دائرة البريد وكان يظن انها من رئيس الوزراء عبد المحسن سعدون وبعد رحيل السعدون منتحرا في 13\11\ 1929 حزن الشاعر المعروف لسببين اولهما فقدان رجلا عظيما مثل عبد المحسن السعدون وثانيهما لتوقعه انقطاع مصدر رزقه , وكما هو معروف فان رجال العلم والثقافة والابداع , يعيشون فقراء وبعد موتهم يغتنون, وتفاجأ شاعرنا الكبير باستمرار المعونة فذهب الى دائرة البريد ليستفسر عن المصدر فقيل له ان الذي يبعث له الفلوس هي العلوية زكية وهي

تعرف مكانته واهميته , فتصوروا ان بلدا مثل العراق يمتلك في الربع الاول من القرن الماضي رجـالا ونساءا بهذا المستوى من الرقي والثقافة.

رحل السعدون دون ان يترك اية شئ مـادي لعائلتـه فقـررت الحكومـة تخصيص 50 الـف روبية لشراء بيت لعائلته وراتب تقاعدي 1200 روبية وتقرر ايضا توزيـع قطـع الاراضي في منطقـة السعدون للمواطنين وتسميتها باسمه تخليدا لذكراه.

انتحار وزير الداخلية السوري اللواء غازي كنعان

طريقة الانتحار: رصاصة من مسدس على الصدغ الأيمن

تاريخ الانتحار: 12- 10- 2005

سبب الانتحار:اليأس

مدير مكتب غازي كنعان يؤكد انتحار الوزير بإطلاق النار داخل فمه

أعلنت الحكومة السورية الاربعاء 12- 10- 2005 انتحار وزير الداخلية غازي كنعان المسؤول السابق عن الاستخبارات العسكرية السورية في لبنان والـذي استجوبته لجنـة التحقيق الدوليـة في اغتيال رئيس الوزراء اللبناني الاسبق رفيـق الحريـري, وذلك قبـل بضعة ايام مـن تقـديم اللجنـة تقريرها .

وقالت وكالة الانباء السورية الرسمية (سانا) في بيان مقتضب "ينعي مجلس الـوزراء وفاة السيد اللواء غازي كنعان وزير الداخلية الذي تـوفي فى مكتبـه قبـل ظهـر اليـوم منتحرا". واضافت الوكالة "تقوم السلطات المختصة باجراء التحقيقات اللازمـة فى الحادث."غيـر ان ايا مـن الوكالـة والحكومة لم توضح ظروف عملية "الانتحار" هـذه التـي وقعـت في مبنى وزارة الداخليـة بوسـط دمشق، وقال العميد وليد

اباظة مدير مكتب كنعان في تصريح لوكالة فرانس برس ان الوزير انتحر برصاصة في فمه .

وقال اباظة ان "اللواء كنعان غادر الوزارة لمدة ثلث ساعة الى منزله ثم عاد ودخـل مكتبـه وبعد عدة دقائق سمع صوت طلق ناري وكانت الطلقة من مسدس في فمه". واعلن انتحار اللـواء كنعان قبل ايام من تسليم ميليس تقريره بشان اغتيال الحريري في نهايـة تشريـن الاول/اكتـوبر الى الامين العام للامم المتحدة كوفي انان وقد اتهمت اطراف لبنانية عدة النظام الامني السوري اللبنـاني بالوقوف خلف اغتياله .

وكان كنعان اتصل هاتفيا باذاعة صوت لبنان في بيروت لينفي خبرا اوردته محطة تلفزيونيـة لبنانية خاصة عن الشهادة التي ادلى بها امام لجنة التحقيق الدولية وقال "هذا اخر تصريح ممكـن ان اعطيه". واكد كنعان انه قدم شـهادته للجنة الدولية في اغتيال الحريري وطلـب مـن مقدمـة البرنامج ان تعطي تصريحه لثلاث محطات تلفزيونية لبنانية, واختتم حديثه بالقول لهـا "هـذا اخر تصريح ممكن ان اعطيه ."

وكانت محطة نيو تي في ذكرت في تقرير بثته ان كنعان قال امام المحققين الدوليين في اغتيال الحريري بانه كان يتسلم شيكات من الحريري ويوزعها على لبنانيين وسوريين وانـه محتفظ بنسـخ عنها. واوضحت المحطة ان كنعان ذكر بالتحديد انه قبض من الحريري 10 ملايين دولار مـن اجل فرض القانون الانتخابي للعام 2000 الذي حقق الحريري بموجبه فوزا كبيرا في الانتخابـات التشـريعية في وقت كان في المعارضة .

وكانت صحيفة "الشرق" القطرية اجرت مقابلة مع كنعان في الاول من تشرين الاول/اكتـوبر صرح فيها ان "جميع الذين استمع اليهم القاضي ميليس والحكومـة السـورية "كانوا متعاونين الى ابعد الحدود وبما يمكنه والشعب اللبنـاني الشقيق مـن معرفة الحقيقـة كـل الحقيقـة", مؤكـدا ان "اظهار هذه الحقيقة كاملة مصلحة سورية بقدر

ما هي مصلحة لبنانية وعربية". اكد كنعان انه لا يملك "اية معلومات" عن اغتيال رفيق الحريري لان الاستخبارات السورية في لبنان "كانت معنية فقط بامن" القوات السورية فيه. وقال في حديث مع موقع سوري الكتروني نشرته صحيفة السفير اللبنانية "في الحقيقة ليست لدينا اية معلومات (حول اغتيال الحريري) لاننا خرجنا من لبنان امنيا وعسكريا ولان المخابرات السورية في لبنان كانت معنية فقط بامن قواتنا والتنسيق من خلال الشرعية فيه ."كما تجدر الإشارة إلى أن السلطات الاميركية من جانبها جمدت ارصدة غازي كنعان وكذلك شخصيات سورية اخرى ابرزها خلفه في لبنان رستم غزالة الذين اتهمتهم "بالمساعدة في الارهاب" و"زعزعة استقرار" المنطقة .

وفيما يلي بعض الحقائق عن مسيرة عمله -:كنعان من مواليد 1942 , قرية بحمرا في محافظة اللاذقية الساحلية,0 4 3 كم شمال دمشق , متزوج وله ستة أولاد (أربعة ذكور وابنتان).وهو عضو في حزب البعث العربي الإشتراكي الحاكم.

1. استلم رئيس فرع مخابرات المنطقة الوسطى(حمص) وكان برتبة نقيب وبقي فيها حتى عام 1 9 8 2 , حيث أصبح رئيس جهاز الأمن والإستطلاع في لبنان. وبقي في هذا المنصب حتى العام 2 0 0 1 حيث سلمه إلى العميد رستم غزالة.
2. عين كنعان مديرا للأمن السياسي في سورية عام 2 0 0 1 ثم وزيرا للداخلية عام 2 0 0 4.
3. كان كنعان من بين عدة مسؤولين امن سوريين استجوبهم محققون من الامم المتحدة في اطار التحقيق في مقتل رئيس الوزراء اللبناني السابق رفيق الحريري يوم 14 فبراير/شباط .

4. كان ابرز رجال سوريا في لبنان بصفته رئيسا للاستخبارات العسكرية من 1982 الى 2002. ثم ترأس بعدها ادارة الامن السياسي حتى اصبح وزيرا للداخلية في اكتوبر تشرين الاول 2004.

5. ضيق كنعان قبضة سوريا على لبنان حيث كان المخطط وراء انهيار اتفاقية بين اسرائيل ولبنان بوساطة واشنطن عام 1983 كما كان وراء انسحاب قوة متعددة الجنسيات بقيادة الولايات المتحدة في عام 1984 والاطاحة بالزعيم المسيحي ميشيل عون في عام 1990.

6. -جمدت وزارة الخزانة الامريكية اصول كنعان والعميد رستم غزالة خليفته في لبنان في خطوة قالت عنها انها "تهدف للعزل المادي للممثلين السيئين الذين يدعمون جهود سوريا للاخلال باستقرار جيرانها."

7. كان عضوا في حزب البعث الحاكم في سوريا وممن ينتمون الى الاقلية العلوية.

8. وحادثة انتحار كنعان هي الثانية بعد انتحار رئيس الوزراء الأسبق محمود الزعبي في مايو /أيار 2 0 0 0 في منزله بضاحية دمر القريبة من دمشق, حيث كان يخضع للإقامة الجبرية بعد تهم بالفساد.

يذكر أن كنعان كان رجل سورية القوي لاثنتي عشرة سنة قبل أن يعود العام 2002 لتولي قيادة جهاز الأمن السياسي، ثم في العام 2004 عين وزيرا للداخلية، ومن بعده تم تعيين اللواء رستم غزاله كرئيس لجهاز الاستخبارات المكروه على الساحة اللبنانية، والرجلان تحوم حولهما الشكوك بالتخطيط لاغتيال الحريري.

وأوضحت المصادر أن كنعان نقل على الفور إلى مستشفى الشامي في العاصمة السورية دمشق، ولكنه توفي بعد ساعات. مصادر في المستشفى أكدت لشبكة CNN أن كنعان توفي حوالي الساعة الثانية عشرة بالتوقيت المحلي. وحول

الطريقة التي انتحر بها كنعان، ذكرت مصادر حزبية أنه قام بإطلاق طلقة من مسدسه في فمه.

انتحار الشاعرة الايرانية المشهورة
فروغ فرخازاد

طريقة الانتحار: القت نفسها امام سيارة

تاريخ الانتحار: 21967/5

سبب الانتحار: اليأس

ولدت في عائلة عسكرية في طهران سنة 1935.

أستكملت دراستها حتى الصف التاسع

وحين أتمت عامها السادس عشر تزوجت من برويز شابور.

أكملت فروغ دراستها عبر دروس الرسم والخياطة ثم إنتقلت مع زوجها إلى الأهواز وبعد

عام رزقت بولدها الوحيد (كتبت فيه قصيدة "قصيدة لك."

بعد أقل من عامين حدث الطلاق بينها وبين زوجها وحصل الـزوج عـلى حضـانة الإبـن مـما دفع فروخ لإكمال مسيرتها الأدبية. وعادت إلى طهران لكتابة الشعر وأصدرت أول ديوان لها فى عام 1955 بعنوان الأسير.

جذبت فروخ الإنتباه والرفض من مجتمعها كمطلقة تحمل أفكار نسوية جدلية.

فى عام 1958 قضت تسعة شهور فى أوروبـا قابلـت فيهم المنـتج والكاتـب الإيـراني إبـراهيم جولستان.

نشرت ديوانين آخرين بعنوان الجدار والثورة وذلك قبل ذهابها إلى تبريز سنة 1962 لتصوير فيلماً عن الإيرانيين المصابين بالجذام بعنون" البيت أسود" وفاز بجوائز عالمية.وفى العام التـالي 1963 نشرت ديوان "ميلاد جديد "والذى كان علامة فى تاريخ الشعر الحديث بإيران.

فى 14 فبراير 1967 توفيت فروغ فى حـادث سيـارة فى عمـر الثانيـة والثلاثين ونشر ـ لهـا بعـد وفاتها قصيدة بعنوان "لنؤمن ببداية موسم البرد" وتعد أقوى القصائد فى الشعر الفارسي الحديث.

جاءت فروغ فرخزاد إلى الشعر حاملة رقة العواطف وقوة الموهبة وثقافة عالية أخذتها مـن جهات عدة في الشرق والغرب. واتسمت كتابتها منذ البدء بنبرة جديدة, مغايرة, تكتنز رؤية ذاتيـة فريدة.

بدأت بالتمرد والعصيان على ما هو قائم فأصدرت عـلى التـوالي, وفي شـكل سـريع, كـما لـو كانت في عجلة من أمرها,

1.دواوين: "الأسير" (اسير),

2."الجدار" (ديوار),

3."العصيان" (عصيان).

4. ثم صدر ديوانها الشهير "تولدي ديكر" (ولادة أخرى), فكان بمثابة ولادة جديدة للشعر الفارسي عامة والشعر النسائي على وجه الخصوص. كانت قصائد الديوان مثل أناشيد صارخة تصور السلوك الإنساني الحائر وسط كومة من الحصارات.
5. وفي ما بعد أصدرت ديوانها الأخير, قبل موتها, بعنوان "إيمان بياوريم به آغاز فصل سرد" (فلنؤمن بشروع الفصل البارد), وفيه وضعت نفسها وسط اللجة وبدت مثل طائر صغير يرفرف عالياً بعيداً قليلاً عن اسراب الطير. هذا الديوان يعد واحداً من أكثر كتابات فروغ فرخزاد حزناً, حيث تمتلئ القصائد بصور وتعابير مغلفة بثوب المأساة. مأساة الإنسان, الوحيد, الضعيف في هذا العالم المخيف:

"سلام اى غرابت تنهايي/ اتاق رابه تو تسليم مى كنم"

(مرحباً أيتها العزلة الغريبة, إني أسلم غرفتي إليك)./ نزار آغري - الحياة

كانتْ وفاتها في حادث سيّارة في التاسع من آذار وفي الساعة الرابعة عصراً كما تنبأتْ بذلك في قصيدتها (لنؤمن بحلول الفصل البارد).

هل توفيت قضاءا وقدر ام انتحارا؟

رجح البعض انتحارها مستدلين على ذلك بعدة شواهدمثل:

- كان الشعر حياتها, فبدت صادقة, متمردة في شعرها, مثلما كانت صادقة ومتمردة في حياتها, ودفعت ثمن ذلك كله بأن صارت منبوذة, بسبب شعرها, الذي اعتبر حينها مخالفا للأخلاق ومناقضا للقيم, فنبذها والدها, وحرمت من رؤية طفلها الوحيد, وكان نتيجة ذلك أن أصيبت بالاكتئاب, الذي دفعها لعدة محاولات انتحارفاشلة.
- أكد السائق الذي صدمها بأنها كانت واقفة تنظر للسيارة بشكل غريب ودون أن تحيد عنها!!!!

- وفي السادسة عشرة من عمرها لاأكثر وقعت في الحب وأصرت على الزواج من برويز شابور. ولاحقاً اكتشفت أن زواجها ليس إلا كارثة ستحزنها نتائجه حتى وفاتهاوكانت فروغ بعد الانفصال تضطر أحياناً إلى أن تفتح الباب لمشاعر الندم فقد أكد المقربون منها أنها كانت تحب طليقها شابور وقد قالت ذلك مراراً: (قلت للقفص، ولكن ماذا أقول/ إذ إنني قبل هذا لم أكن مدركة لنفاق الناس/ ألجأ ثانية لركن القفص/ فافتح بابه فإنني طوال عمري لم أشعر بالسعادة إلا خلف قضبان القفص)
- بعد انفصالها عن زوجها أتيحت لفروغ فرصة السفر إلى الخارج لكن هواجس ارتباطها بابنها ومعاناة الابتعاد عنه، كانت تعذبها، فقد حرمت نهائياً من رؤية ابنها وهذا شكل لها هاجساً موجعاً لاينتهي.
- فروغ كانت تعاني من اضطرابات نفسية تنتابها كل شهر عدة نوبات من الأزمات النفسية، تهرب من كل الناس وكل الأشياء وتغلق على نفسها باب الغرفة ثم تنخرط في البكاء.
- ذات مرة أقدمت على الانتحار لكنها لم تمت منتحرة، ماتت بحادث سيارة فقد عرف عنها حبها للسرعة وذات نهار كانت مسرعة بسيارتها وتجنبت حافلة أطفال وكانت النتيجة أن انحرفت السيارة عن المسار وتهشم رأس فروغ فرخزاد.

انتحار الرسام المشهور
(فان جوخ)

طريقة الانتحار: الرصاص" مسدس"

تاريخ الانتحار: 1961 / 7 / 2

سبب الانتحار: الجنون

ولد في 30 (مارس) عام 1853م، كان مصابا بلوثة عقلية جعلته يطلق الرصاص على صديقه الفنان بول غوغان الذي التقى به بعد ان جمعتهما مأساة مشتركة وفجيعة واحدة. كلاهما معذب يفتش عن الصدق والبراءة وكلاهما يعمل ويناضل من اجل رسالة الفن العظيمة مع الاخذ بالحسبان انهما كانا على خلاف دائم فيما يتعلق بالآراء الفنية هذا الاختلاف او التناقض قاد كوخ الى اطلاق رصاصة من مسدسه لاعلى رأس غوغان بل بالقرب منه احتجاجا على موقف صديقه من آرائه.. فكانت النتيجة انهما افترقا عن بعضهما الى الابد.

ولكي يثبت بعض الباحثين جنون كوخ وغرابة سلوكه.. يقولون انه قطع اذنه ولفها في منديل
وسلمها الى فتاة سيئة السمعة اسمها (غابي) تعمل ساقية في حانة باريسية قائلا:

- اليك هذه الهدية الثمينة ذكرى مني فاحتفظي بها!؟

في اصيل يوم الاحد 27 (يوليو) عام 1890م توقف كوخ مدهوشا امام مشهد كان منذ زمن
قديم يحلم بتصويره.. وكان المشهد قريبا من قرية (اوفرسورواز)الفرنسية فرسمه حقلا ذهبيا
تتشعب فيه دروب صغيرة شقراء, يحيط بها اخضرار مشرق وفي البعيد يطل افق عميق الزرقة
كأمواج البحر في الشتاء تسرح في ابعاده غربان بلون الظلام.

واتم اللوحة وهو يحس نارا محرقة تلتهب في اعصابه وشعر بإعياء شديد وتصبب العرق
على جبينه واجتاحه هم مرهق الهم الذي لزمه طول حياته: ماذا بقي لهذا القلب المعذب وقد
اعطى كل شيء!!

وكانت بعض الغربان تحوم حوله فتناول المسدس كمن يريد ان يطلق النار على هذه
الطيور الكوالح فقد كان سوادها يلوث المكان ولكنه صوب المسدس الى قلبه واطلق رصاصة واحدة
فكانت نهايته.

شيع في جنازة متواضعة الى ركن هادئ من مقبرة القرية ووجدت في سترته رسالة طويلة الى
اخيه تيو يقول في نهايتها: (حسناً, هذا ما فعلت, أنا وحدي, وقد غامرت فيه بحياتي).

وبكلمات قليلة... فان سبب انتحار كوخ هو وقوعه تحت تأثير نوبات الجنون نتيجة المرض
الشديد الذي اصابه منذ فجر شبابه حيث كان يعاني من صداع شديد في رأسه.

انتحار الاديبة الامريكية المشهورة فيرجينيا وولف..

طريقة الانتحار: الغرق" ملأت جيوبها بأحجار ضخمة وألقت بنفسها منتحرة في النهر،

تاريخ الانتحار: /28/ 3 1941

سبب الانتحار: الجنون والاكتئاب المدمر

إنها الأديبة الأكثر سطوة في بريطانيا القرن العشرين. أخافت بمكانتها الكثير من أدباء عصرها ومارست هيمنتها على الكثير من الأقلام الجديدة. عاشت حياة غريبة وشديدة البريطانية في الوقت نفسها، ورغم كثرة أعداءها، كانت هي نفسها العدوة الأشد شراسة وضراوة ضد ذاتها، وربما كان هذا هو السبب لتنهي حياتها بيديها.

في كتاب صدر حديثاً عن فرجينيا وولف بعنوان إمرأة من كلمات، ومن تاليف فيليس روز، وعن دار باندورا للنشر جاء الوصف التالى لفرجينيا وولف:".. بالرغم من أن الصور الفوتوغرافية كانت تبدي فرجينيا وولف كإمرأة أنيقة، وذات

جاذبية وذكاء إلا أن فرجينيا كانت تشعر، دائماً، أنها إمرأة مهملة وغير جذابة. إنها لم تكن مرتاحـة في الحياة. لم تكن تستطيع ممارسة الأشياء العادية والبسيطة في الحياة كالذهاب إلى سـوبر ماركت، أو التبضع لإحتياجاتها الخاصة، وهي أيضاً في كل المهام الصغيرة كانت تعتقد أنها تقلد مـا لا يمثلهـا، وهو أنها إمرأة.زوجها عاملها، وهي عاملت ذاتها كآلة منضبطة دائماً في حالـة خـوف مـن التشظي. إذا ما غيرت إتجاهها، أو أجهدت نفسها بالعمل، أو نامت قليلاً، أو غضبت، أو تغـير عليهـا أي شيء فإن عقلها سيكون مهدداً بالإنفجار.

منذ طفولتها كانت إمرأة خائفة، تخشى الكـوارث، والكـوارث كانت تزورهـا.أمهـا ماتـت في البدء، ثم أختها ستيلا، ثم والدها. مخاوف الطفولة وكوابيسها استمرت في رحلة مزمنـة معهـا حتى وصلت سن الستين لم تكن تستطيع المواجهة الصريـحة وقـول مشـاعرها كـما تحـس بهـا.الكراهيـة، والحب، والخوف، السخرية والإنضباط كسيدة من طبقة راقية في بريطانيا لازمها طوال الوقت.

كانت حساسة جداً، تجاه الاخرين، ولكنها عاشـت دائماً وكأنها خـارج الـدائرة، كان لـديها فضولاً جباراً حول الاخرين وعجزاً رهيباً في التواصل معهم مباشرة.في حياتها الخاصة عوضت ذلـك بأن أصبحت مصدراً دائماً للأسئلة في حواراتها مع الاخرين وكأن هذه الطريقة هي الطريقة الوحيدة لمعرفة الآخر. تسأل أسئلة مثل: كيف تشعر عندما تستيقظ صباحاً في حقـل في توسكاني؟ كيـف، بالضبط، يستطيع العالم أن يستخرج البروتين من كبد مطحونة؟ كان لديها، دائماً، جوعاً ضارياً لمعرفة الإجابات الدقيقة.كل من ذكر هذه الصفة الخاصة بها ذكر أيضاً إحساسها العميق بالإغتراب والـذي صاحب هذا القناع من الأسئلة.كانت تسأل لأنها شعرت بأنها مقطوعة عن العالم في الحقيقة.

وجودها الجسدي كان، دائماً، مفاجئة لها، وليست دائماً مفاجئة سعيدة.كانت إمرأة متعطشة عاطفية، تبدو قاسية وبعيدة مع الاخرين، وذات علاقة خاصة بالأطفال عبر عالمها الخيالى والمتفجر دائماً.

الإهتمام الخارجي، الشهرة، والسمعة الأدبية الواسعة لم يضيفا شيئاً إلى إحساسها الدائم بعدم الطمأنينة والفزع الذي رافقها طوال حياتها والخوف من الجنون كلما إزدادت شهرة إزدادت عدم طمأنينة وخوف.

لقد لاحظت فرجينيا وولف ذلك في ذاتها إلا أنها أعطته شرحاً مختلفاً. لقد ظنت أن جنونها متوارث وظنت أنها ورثت خوفاً من الرجل إرتبط بتقززها من الجنس وهذا يبدو مستبعداً.

وإذا كانت قد تجاهلت ظروف طفولتها والإشكاليات التي تكون قد رافقتها فإنها لم تتجاهل، أبداً، مشاكل نموها في فترة الصبا.

لقد كان لديها مشكلة كبيرة مع أنوثتها. لقد لاحظت كيف أن الرجولة تحظى برعاية مستمرة في المجتمع الإنجليزي بينما الأنوثة كانت دائماً موضع هجوم.

كل ما كان عدواني في مجتمع الخارج ربطته بالمجتمع الأبوي.كان الفكر التحرري النسوي هو الشكل الوحيد لديها الذي إستطاعت أن تطرح فيه رفضها لما كان يحدث داخل مجتمعها.ووجهة النظر هذه هي الوحيدة التي سمحت لها بإنتماء ما لذلك المجتمع.

النساء والفقراء كانوا هم الخوارج في المجتمع الإنجليزي.

لقد كانت الثروة بقدر تسهيل الحياة والملذات للرجل، كانت تحدد المرأة وحركتها ودورها وتصنع قيود عليها بإسم التقاليد والتربية الطيبة. لقد كانت هذه هي تجربتها. لذلك فقد إفترضت هي ذلك في إحدى روايتها وأطلقت معركة " بنات الرجال المتعلمين ".

لقد كان حرمان من التجربة الحقيقية ومصارعة الحياة هو نوع من الحماية لأولئك النساء الذين قضوا وقتهم في قراءة إفلاطون، الإستماع للبيانو، والجلوس أمام المدفأة مع أكفاءهم من الرجال الأذكياء. لقد كان العالم بالنسبة لهم والشوارع والحياة الشعبية عالماً مجهولاً وغامضاً.

تلك المرأة كانت سجينة قصر الفن لأنها كانت إمرأة أرستقراطية.

لقد كان وعيها السياسي وإيمانها بقضايا المرأة هما الفكر السياسي الوعي الذي آمنت به.

لقد كان أفضل إنتاجها في فترة العشرينات عندما كان فكرها النسوي ثابتاً، وفقدت بعضاً من ذلك التفكير في الثلاثينات.

" لقد كان خوفي من الحياة الحقيقية هو ما جعلني أعيش دائماً كالراهبة ".

الكتابة كانت ملجأها منذ الطفولة. كانت تقلد أباها في ذلك.

الإنتهاء من العمل الروائي كان مخيفاً بالنسبة لها ويصيبها بحالات من الإكتئاب المرضي.

لقد كانت تغرق في عملها الأدبي. وكل هواياتها كانت مرتبطة بالكتب والكتابة.

كانت أحكامها غير جيدة على معاصريها من الأدباء والكتاب. ت.س. اليوت بالنسبة لها كان "توم ". لم تنتبه إلى قيمة معاصريها لأن الكتاب الراقين من وجهة نظرها هم أولئك الذين كانوا يتناولون الشاي مع والدها في صالونهم عندما كانت طفلة.

أكثر من أثر عليها من معاصريها كان فورستير. وأكثر من أحبته من الكتاب الإنجليز كان توماس هاردي.

الغرور الشخصي منعها من ملاحظة عظمة الزمن الأدبي الذي عايشته.

لم يعجبها جيمس جويس لتواضعه الأدبي ولم تلحظ قيمة د. هـ لورنس إلا في فترة متأخرة جداً، إذ إعتبرت عمله مرتبط بالطبقات العاملة.

كان معاصروها يمثلون تهديداً ومنافسة بالنسبة لها.

كانت ترتاح للكتاب الفرنسيين لأنهم من أرض وحضارة أخرى وقرأت كوليت وبروست بمتعة كبيرة، بينما خلقت كاثرين مانسفيلد وجميس جويس شيء من القلق بالنسبة لها عندما قرأتهما.

أحبت كتابة تولستوي لأنه بالنسبة لها من حضارة وجغرافية أخرى.

عندما انتحرت كانت في سن الستين.

لقد كان زوجها ليونارد وولف رجل ملهم وحنون وعقلاني إهتم بها بدونما شكوى وإعتنى بها عناية كبيرة.

لقد عانت فرجينا من أمراض وحساسية أعصابها.

لقد علمها الجنون أن تعرف النفس، في العزلة والخوف، وعلمها أن تلاحظ وترقب، اللحظات العابرة غير المتصلة باللحظات الأخرى، قائدة إلى لا مكان.

هل من علاقة لشذوذ ومثلية فرجينيا بالانتحار؟

ظهرت مؤخراً مجموعة مراسلات مثيرة تكشف عن تفاصيل العلاقة المثلية التي جمعت بين فيرجينيا وولف والشاعرة فيتا ساكفيل ويست وهي العلاقة الأشهر في تاريخ العلاقات المثلية في العالم، والخطابات التي عرضت وصل عددها لـ 150 خطاباً، وكتبتها ساكفيل على مدار20 عاماً لروائية مغمورة كانت صديقتها المقربة، عرضت الأيام الماضية بأحد بيوت المزادات في لندن، وقدرت بنحو 22 ألف إسترليني، وتحمل الخطابات العديد من انطباعات ساكفيل حول أعضاء جماعة "بلومزبرني"- واحدة من الجماعات الأدبية الرائدة البريطانية - التي اشتهرت في الفترة ما بين 1920 و1930، ودافعت عن الحرية الجنسية واشتهر معظم أفرادها بالثنائية الجنسية، وكانتا -العاشقتان - من أبرز أعضائها، يذكر أن فيرجينيا تعرفت

على ساكفيل عام 1922 في لقاء لم يكن ودوداً بالمرة إلا أنهما بدآ بعد ذلك علاقة عميقة استمرت على مدار عشرينيات القرن الماضي، فألهمت فيرجينيا في بعض من كتاباتها، فكانت ساكفيل المصدر الحقيقي لشخصية البطلة في رواية وولف "أورلندو" - التي صدرت عام 1928، وتعتبر واحدة من أهم الروايات في تاريخ الكتابة الإبداعية النسوية لدرجة أن نيجل نيكولسون، ابن ساكفيل، قال عنها "إنها أكثر خطابات الغرام طولاً وسحراً في تاريخ الأدب". واخيرا:تصدرت رواية (The Hours.. الساعات) قائمة الكتب الأكثر مبيعاً لفترة طويلة...كما نالت جائزتين أدبيتين عالميتين خلال عام 1999 هما جائزتي (بوليتزر) و (بن فوكنر)...الرواية تدور حول الحياة اليومية للكاتبة الانجليزية المعروفة (فرجينيا وولف) وعلاقاتها واليوم الأخير الذي مشت فيه بقدميها إلى النهر لتنهي حياتها الصاخبة والحافلة بالإبداع والجنون...

انتحار المليارديرة كريستينا أوناسيس

طريقة الانتحار: الحبوب المنومة

تاريخ الانتحار:. 1988/11/19

سبب الانتحار: الاكتئاب الحاد

كريستينا أوناسيس (باليونانية: Χριστίνα Ωνάση) (11 ديسمبر 1950 – 19 نوفمبر 1988) هي ابنة الملياردير اليوناني أوناسيس صاحب الجزر والأساطيل البحرية والطائرات والمليارات، الذي يعد من أكبر أثرياء العالم.. ولأن كريستينان وريثته الوحيدة فقد ورثت عـن أبيهـا كـل ثروتـه الهائلة،

عاشت كريستينا أوناسيس, حياةمضطربة بأنماطها الغذائية بحثاً عن الرشاقة, تـدخلت فيهـا مباضع الجراحين التجميليين لتلائم بين كريستينا وأرصدتها, بآلاف الـدولارات سنويـاً, هـذه الحيـاة ملأتها بسلسلة من المغامرات العاطفية والزيجات الفاشلة, دون إنجاب, كـان آخرهـا الـزواج مـن البلاي بوي الفرنسي """تيير روسيل""", الـذي لقب بـ """ أكـثر رجـال العـالم نجاحـاً في العيـش عـلى حساب امرأة""", فقد دفعت لـه كريستينا 30 مليون دولار كتعـويض عـن انتقالـه مـن فرنسا إلى

سويسرا وأربعة ملايين جنيه إسترليني سنوياً لمصاريفه الشخصية, ومن هـذا المتسـلق الـذي طلقتـه بعد ثلاث سنوات, أنجبت طفلتها غير المنتظرة, أثينا, في فيلا من 18 غرفة تمتد على مساحة 3 أفدنـة يحيطها حوض سباحة وحديقة حيوانات وهي خاضعة لحراسة على مدار ال-24 سـاعة, إلا أن ذلـك لم يحقق لها السعادة التي تبحث عنها، فقد تزوجت عدداً من المرات، وكان زواجها الأخير من أحـد الشيوعين، حيث سئمت حياة الترف والثروة، وذهبت لتعيش مـع زوجهـا في منـزل متهالـك في أحـد أحياء موسكو الفقيرة، إلا أن الفشل لاحقها في هذا الـزواج أيضـاً، ففارقـت زوجهـا بعـد أن أصـيبت باكتئاب مزمن وحزن مرضي متصل، ولم تستطع الثروة والمال أن تحقـق لهـا أبسـط معـاني السـعادة الإنسانية، وأقل درجات الـرضى والطمأنينـة، فقـررت الانتحـار ووجـدت ميتـة عـلى أحـد السـواحل الأرجنتينية، بعدما ابتلعت عدداً كبيراً من الحبوب المنومة، وكان عمرها آنذاك سـبعة وثلاثـين عامـاً فقط.

انتحار الاديب الالماني
كورت توخولسكي

طريقة الانتحار انتحر بالسم

تاريخ الانتحار:. 1935

سبب الانتحار:جراء الشعور باليأس القاتل وثقل تجربة المنفى

الشاعر كورت توخولسكي، وهو احد أهم شعراء الحداثة في المانيا، خصص لتوخولسكي حيز كبير في قصر ملكي في مدينة راينزبرغ وهو كالمتحف وتحمل احدى رواياته اسم هذه المدينة.

عُرف توخولسكي تحت أسماء مستعارة متعددة، منها بيتر بانتر، تيوبالد تيغر، اغناتز فروبـل، كاسبار هاوسر. كما عُرف روائيا وشاعرا وصحافيا، وهو مـن الأسـماء الأكـثر بريقـا في الأدب الالمـاني الحديث. يتميز شعره بالسخرية الطريفـة وبـالحزن والخيبـة والحنـان في الوقـت نفسـه. وإن كـان مزاجه سوداويا احيانا فسرعان ما كان يضفي عليه مسحة الفكاهة مهما بلغ يأسه

سافرالى السويد في بداية الثلاثينيات من القرن العشرين لاجئا من ألمانيا النازية وانتحـر عـام 1935 أثناء انتظار موافقة السلطات السويدية على طلبه الحصول على حق اللجوء السياسي. كـان دائم الشعور بالإحباط، تزوج مرتين ولم

ينجب وعاش حياة تسكع بين فرنسا والمانيا واسوج. والقصائد التي أنجزت ترجمتها هناك كتبها في الثلاثينات، ضمن مجموعته "هكذا أنت تبدو".

وفي رسالة وجهها كورت توخولسكي إلى كاتب منفي في فلسطين، أرنولد تسفايغ (1887-1968)، قبل أسبوع واحد على قرار الموت الحرّ الذي اتخذه توخولسكي غضباً على لا عقلانية الألمان شعباً وحكومة، وقناعتهم الساذجة بنظام قائم أصلاً على أيديولوجية القتل والبادة الجماعية، ذكر أن من المروع حقّاً رؤية ما يفعله المنفيون الألمان في باريس، وكيف أنهم يعبثون بمصائرهم، مؤمنين بأشياء غير موجودة، "وكيف أنهم يشعرون بأنهم مواطنون ألمان صالحون. فبحق السماء، إن الألمان لا يريدونكم! لكنكم لا تشعرون بذلك". ورفض توخولسكي أن يعامل بصفته كاتباً ألمانياً، طالباً أن لايسيء أحد استخدام اسمه لأغراض سياسية، متنصلاً عن كلّ ما يربطه بألمانيا ولغتها، ويعيب توخولسكي في السياق ذاته على توماس مان موقفه المتردد، لأنه لم يوقف بيع كتبه في ألمانيا ولم يتخذ موقفاً مبكراً في الرحيل من دولة الرايخ الثالث.

انتحار الملكة المصرية المشهورة
كيلوبترا

طريقة الانتحار: السم ""

تاريخ الانتحار: عام 31 ق.م

سبب الانتحار:الخوف من ذل الاسر على يد اوكتافيوس

أصبحت كيلوبترا أصبحت ملكة مصر- والحاكم الاخير في السلالة الملكية البطلمية التي انشأها بطليموس الأول عام 323 ق. م الذي كان قائدا في جيش الفاتح المقدوني الاسكندر الأكبر , وكانت تحمل لقب " الملكة المحبة لأبيها "

وأطلق على كليوباترا بـ (كيلوباترا السابعه) لأنها كانت الملكة السابعة من السلاله المقدونية التي تحمل الاسم نفسه.

- جلست كيلوباترا على عرش مصر عام 51 م. ق بعد وفاة والدها بطليموس الثاني.
- استولى الاوصياء على شقيق كليوباترا بطليموس الصغير و السلطه عام 48 ق. م وخلعوا كليوباترا عن العرش وفي ذلك الوقت وصل يوليوس

قيصر بالاسكندريه التي كانت عاصمة مصر بذلك الوقت التقى يوليوس قيصر بكليوباترا

- هزم يوليوس قيصر (Julius ceaser) المعارضين لكليوباترا وغرق بطليموس الثالث عشر وهو يحاول الهرب و اعاد يوليوس قيصر كليوباترا الى العرش مع شقيق آخر لها هو بطليموس الرابع عشر في عام 47 ق. م وضعت كليوباترا غلاما و ادعت انه ابن يوليوس قيصر وسمته قيصرون.
- لبت كليوباترا عام 46 ق. م دعوة قيصر وذهبت هي وابنها قيصرون و اخوها بطليموس الرابع عشر الى روما و ظلت هناك حتى عام 44 ق. م وذلك بعد قامت مجموعه من اشراف روما الارستقراطيين بقتل يوليوس قيصر.
- عادت كليوباترا الي مصر ودبرت قتل اخيها بطليموس الرابع عشر حتى يتمكن ابنها قيصرون من الحكم.
- قدم مارك انطوني عام 41 ق. م دعوه الى كليوباترا لزيارته في طرسوس في آسيا الصغرى... وتذكر الروايات ان عندها توجهت كيلوباترا لمقابلة انطونيو اقامت على شرفه ولائم وتزوجها عام 37 ق. م و انجبت منه 3 اطفال: اسكندر هيليوس , كيلوباترا سيلين , بطليموس فيلاديلفوس.
- عمل مارك انطوني وكليوبترا معا لتحقيق اهدافهما وكان انطوني يعتقد ان ثروة مصر ستساعده ليصبح الحاكم الوحيد لروما اما كيلوباترا كانت تامل ان تضع اولادها خصوصا قيصرون في سلسلة حكام روما بينما فشلت بالسياسة مع يوليوس قيصر.
- في عام 34 ق. م عين مارك انطوني كليوباترا حاكمه على مصر و قبرص و كريت و سورية ومنح اولاده و ابنته من كليوباترا كثيرا من الاراضي التي كان يحكمها الاسكندر الاكبروتلك التصرفات اغضبت الحكام

المشاركين لمارك انطوني في الحكم كذلك منافسيه، كما ان اوكتافيوس كان يعتبر كليوباترا امرأه جشعة ذات اطماع واسعة.

- في عام 32 ق. م أعلن اوكتافيوس الحرب على مارك انطوني و خسرت قوات مارك انطوني و كليوبترا معركة اكتيوم على الشاطئ الغربي من اليونان عام 31 ق. م في جزيرة البوسيدوم التي كانت تحوي معبد بوسيدون، حيث كان يوجد في تلك المنطقة رصيف بحري أنشأه مارك أنطوني، وأقام في نهاية لسانه قصره الذي اعتزل فيه بعد هزيمته العام 30 قبل الميلاد أمام أوكتافيوس.
- عادت كليوباترا و مارك انطوني الى الاسكندريه و بعد شهور عاد اوكتافيوس لملاحقتهما وبعد ان وصل و قواته الى مصر عام 30 ق. م.
- أشاعت كليوباترا انها انتحرت و سمع مارك انطوني النبأ فطعنه نفسه بالخنجر حزنا عليها وحمله اتباعه الى كليوباترا حيث لفظ انفاسه الاخيره بين ذراعيها.
- اعتقدت كليوباترا ان اوكتافيوس سوف يهينها على الملأ في روما فحاولت ان تعقد السلام معه لكنها فشلت.

انتحار كليوباترا

فى فجر أحد أيام منتصف أغسطس 8 / 30 ق. م قدم أحـد خـدام الملكـة كيلوبـاترا ثعبان الكوبرا وسيلة انتحارها بعد أن سمعت بهزيمة صديقها القائد الرومانى مارك أنطونيوس فى الحـرب , انتحرت كليوباترا في حالة اليأس هذه بان وضعت حيـه سامة عـلى صـدرها وكـان الغـازى الجديد أوكتافيوس قيصر يأمل أن تسير الملكة التى تحكـم مصر ـ فى موكب نصرته فى رومـا ولكنـه سرعان ما وارى جثمانها وأتجه لتنظيم الحكومة , فأعلن ضمه مصر لسلطان الشعب الرومانى.

هل انتحرت كليوباترا ام نحرت؟!

القصة المشهورة والتي يعرفها العالم كله أن كليوباترا انتحرت.. والتفاصيل تذكر أنـه في فجـر أحد أيام منتصف أغسطس 30 ق. م قدم أحد خدام الملكة كليوباترا ثعبان الكوبرا وسيلة انتحارهـا بعد أن سمعت بهزيمة صديقها القائد الروماني مارك انطونيوس في الحرب.. وقد ذكر بعض المؤرخين أن الكتف الملكية اليسري هي التي تلقت اللدغة الأولي القاتلـة.. وقـال آخـرون إنـه الثـدي الأيسر ـ العاري.

انتحرت كليوباترا اذن طبقا لرواية المؤرخين وهي في حالة من اليـأس الشـديد بـأن وضـعت حية سامة على صدرها وكان الغازي الجديد أوكتافيوس قيصر رومـا يأمل أن تسير الملكة التي تحكم مصر في موكب نصرته في روما ولكنه سرعان ما واري جثمانها واتجه لتنظـيم الحكومـة. وكـان حلـم أوكتافيوس بعد علمه بانتحار انطونيوس أن يجعل مـن كليوبـاترا عـبرة، فكـان ينـوي أن يرسـلها إلي روما وتعلق في الخيول وتلف بها روما وتركل بالأقدام حتي الموت.

شيء مستحيل!

لكن سيناريو انتحار كليوباترا والوصيفتين بلدغة ثعبان الكوبرا شيء من المستحيل أن يحدث وفقا لرأي عالمة المصريات (جويسي تيلديسلي) والتي بددت أسطورة انتحار كليوباترا بلدغة الثعبان وذلك في كتابها الجديد 'كليوباترا.. آخر ملكات مصر' والذي صدر في أوروبا وأمريكا الأسبوع الماضي.

وطرحت جويسي أسئلة حول عملية الانتحار مثل:

1. كيف لنا أن نتصور أن ثلاث نساء قد قتلن بثعبان واحد؟!

2. أم كان هناك ثلاثة ثعابين قد هربت داخل الغرفة؟

3. وإذا كانت هناك ثعابين فكيف دخلت إلي الغرفة؟.. وبعد أن قامت الثعابين بعملها وقتلت كليوباترا بعد أن لدغتها هي ووصيفتيها.. إلي أين ذهبت بعد ذلك؟.. ايضا الشيء المعروف أن كل الثعابين ليست سامة.. فكيف نتأكد أنهم جاءوا بثعابين سامة؟!

وقالت جويسي: هناك طرق مباشرة لمحاولة الإنسان الانتحار.. ولكن الطريقة التي اختارتها كليوباترا ليست الأفضل وكان من الممكن أن تلدغ من الثعبان ولا تموت. وقالت عالمة المصريات: إن القرار الذي اتخذته كليوباترا وحسب ماكتبه المؤرخ الإغريقي بلوك ترك والمؤرخ الروماني كاسيوس: بأن هناك ثعبانا دخل إلي غرفة كليوباترا في ابريق تين أو ابريق من الماء ولكن كلا المؤرخين أعربا عن شكوكه حول هذا السيناريو وشككا في صحته.

وقالت جويسي: إن الثعبان الذي ذكرته الأسطورة أقرب إلي ثعابين الكوبرا المصرية التي يتراوح طولها إلي 6 أقدام.. وكتبت قائلة: إن حية الكوبرا أو الثلاثة يحتاج إلي سلة كبيرة من التين أو أبريق ماء كبير.. وتعتقد أن كليوباترا ووصيفتيها متن بنفس السم وبنفس الطريقة.

ويعتقد بعض الباحثين أن اوكتافيوس هو الذي قتل كليوباترا.. حيث اخذت (بات

براون) مصورة الجريمة في الولايات المتحدة البحث في هذه القضية منذ عام 2004 حيث ستحقق فيما في القرن ال..21 وقد وجدت نقاط ضعف وعيوبا في سيناريو لدغة الثعبان مع مساعدة كل من عالم المصريات نيكولا ديوك ودايفد ورالي الاستاذ بجامعة اكسفورد وقد وصلت براون إلي هذه النتيجة بأن اوكتافيوس أرسل رجاله لكي يقوموا بهذه المهمة وبعد ذلك يبدو الأمر على أنه انتحار.

وتتفق جويسي على أن اوكتافيوس هو الذي قتل كليوباترا رغم إنه حمى حياة ابناء كليوباترا الثلاثة وجعل ابنتها تتزوج وأن يكون لديها أبناء.. وتعتقد جويسي- أن اسطورة الثعبان ظهرت بسبب خوف وتقديس المصريين للثعابين، وقد تكون كليوباترا قد ارتدت التاج والثعبان مختبئا داخله والذي ارتبط به الفنانون مؤخرا، حيث أخذ الفنانون فكرة الثعبان المصري الملكي وقاموا بتصويرها ودعموا الاستنتاج بأن الملكة ماتت بلدغة الثعبان.

عصام عطية اخباراليوم

فلاديمير مايا كوفسكي

طريقة الانتحار: الرصاص "

تاريخ الانتحار: 14/ 4 / 1930،،

سبب الانتحار: اليأس

كاتب روسي من اصل كازاكي (تتري) ولد في 19 تموز 1893 في بغداتي بجورجيا، ويعد من الأسماء الفاصلة بين قرنين، واسماً مؤثراً في النزاع بين الفن العجوز والحديث. شاعر، كاتب درامي، ممثل، مفكر، رسام كاريكاتور وكاتب سيناريو، أتقن اللغتين الجورجية (بحكم الدراسة) والروسية الأصلية (لغة العائلة) بعيد وفاة ابيه عام 1906 انتقل مع امه واختيه الاثنتين إلى العاصمة موسكو، وفصل من الدراسة عام 1908 لأن امه لم تستطع تحمل نفقات علمه.

ماياكوفسكي الشاعر والمناضل: في موسكو، تعرف فلاديمير ماياكوفسكي إلى الفكر الماركسي۔ وأصبح لاحقاً "رفيقاً بولشيفياً" بعمر الخامسة عشر. سجن

مایاکوفسکي مرتين في هذه الفترة بسبب عمله السياسي، الا ان عمره القاصر منع الحكم القيصري من ترحيله، وفي السجن الافرادي في سجن بوتييركا، بـدأ كتابـة شـعره، ومـع إطـلاق سراحـه، اكمـل مسـيرته الاشـتراكية، ثـم التحـق عـام 1911 بمدرسـة موسـكو للفنـون، حيـث انضـم هنـاك لحركـة "المستقبليين" الداعية إلى الحداثة، وأصبح صديقا للشاعر دافيـد بورليـوك، ومنـه تعـرف إلى الشـعر الحديث، كما صار ناطقاً باسم مجموعة جيليجا التي أسسها بورليـوك، إلا انـه سرعـان مـا أبعـد إلى مدينة سان بطرسبرغ، لكنه عاد إلى موسكو مع انتصـار ثـورة أكتـوبر عـام 1917 التـي تلقفهـا بـود، ووضع موهبته في خدمة الشيوعية والنظام الحاكم، وترجم ولائه في قصيدة "لينين"، ومن ثـم كتـب مسرحيتي "الدبوس" (1920) و"الحمامات العمومية" (1929) حيث عرض الثـورة بطريقـة كوميديـة ساخرة.. بلغ قمة الابداع الشعري في التعبير بديوانه "غيمة في سروال" (نشر عام 1914) التـي كانـت تعبيراً حقيقياً عن تيار الحداثة، هذا الديوان كان نتيجة علاقته العاطفية المضطربة ب"لـيلي بريـك" (شقيقة الكاتبة والمناضلة الفرنسية من اصل روسي الزا تريوليت)، مایاکوفسکي كـان قـد تعـرف إلى ليلي عام 1910، ولها كتب أجمل قصائده. بعد فشله في الحيـاة العاطفيـة، و"خيانـة الثـورة" بنظـره لتطلعاته وتضحياته، وبعد النقد اللاذع الذي واجهه في الصحافة الأدبية، أقدم فلاديمـير مایاکوفسـكي على الانتحار في14 نيسان 1930 عن عمر 37 عاماً، برصاصة في الصدغ. تاركـاً ورقـة كتـب عليهـا" إلى الجميع ها انذا اموت الآن،لا تتهموا احداً، ولا تثرثروا، فالميت يكره الثرثرة).

لماذا انتحر مایاکوفسکي؟

"الى الجميع! أنا أموت، لا تتهموا أحداً. ودعكم من الأقاويل. كان الميت يكره ذلك كثيراً.

أماه، أختيّ، رفاقي، سامحوني، ليست هذه وسيلة (لا أنصح أحداً بهـا)، لكـن بمـا يخصـني لم يكن لديّ حل آخر. ليلي، أحبيني.

يا رفيقتي الحكومة، عائلتي،ليلي بريك،"- ليلى بريك المولودة العام 1891، كانت الحب العظيم في حياة الشاعر والرمز النسائي للطليعة الروسية "- وأمي، وأختي، وفيرونيكا فيتولدوفنا بولونسكايا. شكراً إذا جعلت حياتهن ممكنة.أعطوا القصائد المبتدأة لآل بريك. سيتعرفون إلى أنفسهم فيها.وكما يقولون،" الحادثة باتت منتهية"

- تحطّم زورق الحب على الحياة الجارية
- أنا متخالص مع الحياة
- لا جدوى من استعراض الآلام والمصائب والإساءات المتبادلة.كونوا سعداء!".
- تلك هي الكلمات الأخيرة التي خطها قلم ماياكوفسكي، ومن الواضح انه كان حريصاً على إظهار ان ما حصل كان بقرار ذاتي حاسم: "لا تتهموا أحداً"، يقول.من جهة أخرى، ربما كان ماياكوفسكي مهتماً، في الوقت نفسه، بتأكيد دور اساسي للجانب العاطفي في هذا القرار: "تحطم زورق الحب على الحياة الجارية".

في كل حال، لا بد من إبراز واقع مهم جداً كشفته إلسا تريوليه، في كتابها عن ماياكوفسكي، وهو أن قرار الانتحار لم يكن طارئاً لديه، بل رافقه على مدى جزء أساسي من حياته. فهي لاحظت هذا الميل عنده منذ الفترة الأولى، تقريباً، لمعرفتها به.

وبالفعل، فإن هذا التوجه ظهر مراراً في شعره، وفي قصائد عديدة، في تواريخ متنوعة.ففي العام 1916، وفي قصيدته المشهورة "شبَّابة الفقرات"، كتب:غالباً ما أقول لنفسي وإذا وضعت نقطة رصاصة على نهايتي.

- وكتب في العام 1917 في الإنسان:وقفز القلب نحو الرصاصة والعنق يحلم بموسى الحلاقة.وفي قصيدته المشهورة، عن هذا، التي نشرها عام 1923، نلاحظ ما

يمكن اعتباره عناصر أولية لرسالة الوداع. فهو يقول في مقطع منها:تتلفن الريح إلى متنزه بتروفسكي..وداعاً... أنا أموت.لا تتهموا أحداً.هذا مع أن ماياكوفسكي كثيراً ما أعلن عشقه للحياة ورفضه للموت. كان هذا التناقض العميق متأصلاً لديه باستمرار، وجزءاً لا يتجزأ من شخصيته، وفي الوقت نفسه من موقفه من الكينونة والحياة.أليس هو القائل في قصيدته، يوبيلي، التي نشرها عام 1924:أكره كل ما يشبه الموت وأعبد كل ما يكون الحياة!.أعمال ماياكوفسكي:آنا /غيمة في سروال /رسائل إلى ليلي بريك /المسرح ar.wikipedia.org/wiki/

■ من اشعاره

ماذا عندكم اليوم تكتبون عنه؟ ان وكيل اي محام يجد الحياة

اشوق ألف مرة مما تجدون ايها السادة الشعراء

ألم تملوا الأوراق و القصور و الحب و أزهار الليلاك؟

إن كان مثلكم الخالقون فاني أبصق على كل فن

الفجر الجديد , العدد13 - الصحافة اليسارية في مصر- 1948/1925 - دار الطليعة - الطبعة الأولى - 1974

انتحارالممثلة البريطانية
لوسي جوردون

طريقة الانتحار: شنقا:

تاريخ الانتحار: 2009-5/21،

سبب الانتحار: اكتئاب حاد

قالت الشرطة الفرنسية انه تم العثور على الممثلة البريطانية لوسي جوردون 28عاما التي شاركت في فيلم (الرجل العنكبوت-الجزء الثالث) ميتة بعدما انتحرت.وعثر عليها في شقتها في المنطقة العاشرة بباريس قبل يومين من عيد ميلادها التاسع والعشرين.

وقالت الشرطة "نؤكد وفاة لوسي جوردون في انتحار فيما يبدو."وذكرت وسائل إعلام انها شنقت نفسها.

ولعبت الممثلة دور جنيفر دوجان وهي صحفية بريطانية في الرجل العنكبوت-الجزء الثالث وكانت تشارك في فيلم عن الموسيقي الفرنسي سيرجي جينزبورج مثلت فيه دور زوجته البريطانية الممثلة والمطربة جين بيركين.

واكدت شرطة مدينة باريس الفرنسية عن آخر تصريح لها في قضية وفاة الممثلة البريطانية "
لوسي غوردون"، حيث وضح البيان أن وفاة الممثلة "لوسي غوردون" كانت انتحاراً. كماوأكدت بعض
المصادر المقربة منها أنها كانت تعاني من حالة حزن عميق بسبب انتحار صديقها في بريطانيا.

انتحار القائد الروماني عشيق كليوباترا
مارك أنطونيو

طريقة الانتحار: السم ""

تاريخ الانتحار: عام 31 ق.م

سبب الانتحار: هزيمته في معركة أكتيوم الفاصلة.

وُلِدَ أنطوني في عائلة رومانية رفيعة الشأن. وفي عام 54 ق.م. صار ضابطًا في كتائب الفرسان تحت قيادة يوليوس قيصر. وفي عام 48 ق.م. عاون أنطوني يوليوس قيصر في سحق قوات عسكرية متمرِّدة كان يقودها بومبي العظيم في معركة فارسالوس.وفي عام 44ق.م تم اغتيال يوليوس قيصر على يد مجموعة من النبلاء بقيادة ماركوس بروتس وجايوس كاسْيوس لونجينوس، وخَلَفَ أنطوني يوليوس قيصر في حكم روما. وفي عام 43 ق.م. قام أوكتافيان حفيد أحد إخوة يوليوس قيصر وابنه بالتَبَنِّي، بالتصدي لحكم أنطوني، الذي ما لبث أن أبدى استعداده في وقت لاحق من ذلك العام، لاقتسام السلطة مع كل من أوكتافيان وليبيدوس. وفي عام 42 ق.م. قام جيش بقيادة أنطوني وأوكتافيان بهزيمة جيش يقوده بروتس وكاسيوس لونجينوس في معركتين في فيليبي في مقدونيا (شمالي اليونان الآن).

ويُعْزَى الانتصار في هذه المعارك في المقام الأول، إلى مهارة أنطوني العسكرية. وقد استولى أنطوني فيما بعد على الأقاليم الشرقية لروما، تاركًا إيطاليا والأقاليم الغربية لأوكتافيان.وفي عام 41 ق.م التقى أنطوني مع كليوباترا للتشاور، وكان قد سبق أن التقيا عدة مرات في روما. وكان أنطوني يطمح للانفراد بحكم روما، فسعى في طلب العون المالي من كليوباترا. بعد ذلك جمعتهما علاقة غرامية أثمرت ابنين توأم عام 40 ق.م ثم ما لبث أنطوني أن تزوج في آخر العام من أوكتافيا - أخت أوكتافيان - ليُقَوِّي مركزه السياسي في روما.وفي عام 37 ق.م تزوج أنطوني من كليوباترا بعد أن ترك أوكتافيا. وأثمر زواجه منها ابنًا ثالثًا. وفي عام 34 ق.م وهب أنطوني لكليوباترا وأبنائهما الثلاثة عددًا من الأقاليم الشرقية لروما، مما دفع أوكتافيان إلى الإيعاز لكثير من مواطني روما أن ما فعله أنطوني خَرْقٌ للولاء للوطن. وفي عام 32 ق.م. أعلن أوكتافيان الحرب على أنطوني ونجح أسطوله البحري في هزيمة أسطولي أنطوني وكليوباترا مجتمعين في معركة أكتيوم، على مقربة من الساحل الغربي لليونان عام 31 ق.م. وانسحب أنطوني وكليوباترا إلى مصر. وما لبث أوكتافيان أن لحقهما إلى هناك. وقاما بالانتحار معًا عام 30 ق.م بعد وقتٍ قصير من وصول أوكتافيان إلى مصر.

انتحار اشهر ممثلة اغراء
مارلين مونرو

طريقة الانتحار: جرعة زائدة من المهدئات (المخدرات)

تاريخ الانتحار: 1962/8/8

سبب الانتحار:؟؟؟؟؟؟؟؟؟؟؟

من هي مارلين مونرو؟: هي "نورما جين باكر"، وُلدت في (1926-6-1) بالقرب من "لوس أنجلوس"، والدها الحقيقي هـو "س. ستانلي جيفورد"، وهـو أحـد العاملين في مجـال المونتـاج السينمائي، أما نورما فهي ابنة غير شرعية، تنقلت بين دور الرعاية الاجتماعية والملاجئ، وصاحبت عمتها وهي في سن الثامنة التي كانت تعمل مديرة لمنزل أحـد الأثريـاء، وقد تعرضت للاغتصـاب وهي في سن التاسعة من هذا الثري، ولم تقبل عمتها شكواها عـن الرجل قائلـة: "إنـه لا يمكـن أن يفعل ذلك، إن هذا من وحي خيالك".

بعد فترة تركت عمتها، واستقلت بحياتها، ثم تزوجت من جار لها، وهي في سن ال16، وصارت ربة منزل، وذهب زوجها مع القوات الأمريكية في الحرب العالمية الثانية، فخرجت إلي العمل؛ حيث عملت في إذاعة محلية في عام 1943، وكان أول ظهور لها عندما طلب "رونالد ريجان" (الرئيس الأمريكي فيما بعد) قائد زوجها في الجيش (وكان زوجها يعمل مصورًا) أن يضع صور بعض الفتيات الجميلات على أغلفة المجلات الصادرة من الجيش للجنود كنوع من الترفيه، فوضع الزوج صورة زوجته، فكان هذا أول ظهور لها على الملأ.وكان من حظها وصول صورتها لإحدي شركات الدعاية الأمريكية، فاتصلت بها، وبدأت تعمل كموديل في الإعلانات، بالإضافة إلي عملها "كومبارس" في السينما، وانفصلت عن زوجها.

وتروي هي عن نفسها أنها سعت إلي العمل السينمائي، وفي سبيل ذلك أسلمت جسدها لكل من يسهّل لها الوصول إلي هدفها، حتى حصلت على دور بارز في فيلم "شلالات نياجرا" في عام 1948م.

وحتى ذلك الوقت لم يكن هناك شيء يميزها عن كثيرات مثلها من صاحبات المنبت السيئ، والسلوك السيئ، اللاتي يرغبن في المال والشهرة.

ثم جاء زواجها الأخير من الأديب والسياسي الأمريكي "آرثر ميلر"، وقدم هذا الزواج نموذجا أمريكيا جديدا في استثمار السينما في المجال السياسي؛ إذ أراد أصحاب شركة فوكس في دفع الأديب "آرثر ميلر" الذي احتكرته سينمائيًا - تقريبًا - إلى الكونجرس الأمريكي؛ ليكون ذراعًا لها داخل السياسة الأمريكية، وذلك لتحصد به منافع ومصالح خاصة بها (حصل أصحاب الشركة بعد ذلك من خلال ملكيتهم لخط نقل ملاحي على حق نقل المعونة الأمريكية- الغذاء أو المعدات أو الأسلحة- لكثير من دول العالم).ومن ثَمّ أعلن "ميلر" عن زواجه من "مارلين مونرو"، ويروي أحد أصدقاء الممثلة أنها اتصلت به صباح هذا الإعلان قائلة: "هذا الرجل

مجنون، إنه حتى لم يخبرني برغبته هذه"، وتحت ضغط شركة فوكس وافقت، وكان الارتباط قبل أشهر من انتخابات الكونجرس الأمريكي.

وقد استثمر مديرو الدعاية مارلين خلال الحملة الانتخابية بشكل أثمر نجاحًا باهرًا ل"آرثر ميلر"، وبدأت "مارلين" تختلط بالوسط السياسي، وقد دفع نجاح هذه التجربة إلى تكرارها في انتخابات الرئاسة الأمريكية، وبالفعل تم استثمار "مارلين" للمرة الثانية في تأييد "جون كيندي" في مواجهة خصومه، ونجح الاستثمار الجديد، وصارت صورة مارلين مونرو من خلال هذه العمليات هي صورة أمريكا، وقد عبر "جون كيندي" عن ذلك قائلاً: "إن هوليود تعيد تشكيل العقول، والتاريخ، فالناس سيفكرون بالطريقة التي ترسمها لهم السينما، وسيعرفون تاريخهم من خلال ما تعرضه الشاشة الكبيرة.

الشهرة":في منتصف الاربعينات، عملت نورما (مارلين) في مصنع للمظلات حيث لفتت بزيها شبه العاري نظر المصورين الصحافيين الذين زاروا المصنع لتسجيل وقائع قيام بعض النساء بدعم المجهود الحربي، وجذبت مارلين انتباه المصور ديفيد كونوفير الذي وجد فيها نموذجاً للجمال الذي يبحث عنه، ووقعت معها احدى الوكالات عقداً كفتاة غلاف.

وفي ربيع 1945 أصبحت معروفة ولم ينتصف عام 1946 حتى اكتشفها بن ليون الذي يعمل لمصلحة شركة فوكس، ورتب بن ليون اختبار كاميرا لمارلين ونجحت في الاختبار، فتعاقدت الشركة معها ستة أشهر مقابل 75 دولاراً في الأسبوع، ثم رفع الأجر الي 125 دولاراً، وكان الاسم الذي وقعت به العقد هو مارلين مونرو، ومونرو هو كنية عائلة امها، وأرادت مارلين ان تستعد لعملها بالفن فبدأت تدرس عمل الممثلات الاسطوريات وأبرزهن جين هارلو ولانا ترنر، وسجلت في قسم الفنون المسرحية باحدى المدارس الفنية، ومنذ هذه اللحظة

ستعرف نورما جين مورتينسون باسم مارلين مونرو، وستستمع للنصيحة القائلة" هوليوود اللذي مكان سيدفعون لك فيه ألف دولار مقابل القبلة".

وبدأت بناء علاقات داخل هوليوود، ونجحت في تسويق نفسها لشركة كولومبيا التي أسندت اليها دوراً في فيلم "سيدات الجوقة" (1948) لكن الشركة لم تجدد تعاقدها مع مارلين، فالتقت مارلين جوني هيدي احد وكلاء هوليوود الكبار، فأعادها لشركة فوكس مرة اخرى على الرغم من عدم اقتناع داريل إف. زانك رئيس الاستديو بامكان أن تصبح مارلين نجمة، لكنه غير رأيه لاحقاً.

وكان عام 1951 عام نجومية مارلين. أحبها الجمهور بالصورة التي أرادت شركات الانتاج تقديمها فيها، فظهرت في فيلم "لا تهتم بالضرب" (1952) الذي لعبت فيه دور راعية أطفال غير متوازنة عقلياً، ورغم أن النقاد لم يهتموا بعملها فقد تركت انطباعاً طيباً إذ جسدت مظهر الجمال الذي يحبه الجمهور. وفي فيلم "شلالات نياغرا" أسست مارلين لنموذجها الفني ورمزها الجمالي، وبعد فيلمها الكبير "يفضل السادة المحترمون الشقراوات" دشنت نجومية مارلين ووقعت اسمها ووضعت يديها وقدميها في الاسمنت الرطب امام المسرح الصيني على جادة هوليوود، المكان نفسه الذي زارته مع أمها وهي طفلة، وتحققت الأمنية التي أطلقتها الطفلة مارلين حين قالت ذات يوم "أريد ان اكون نجمة كبيرة أكثر من أي شيء آخر" وأصبحت مارلين البطاقة الرابحة، بخاصة مع النجاح الذي حققه فيلم "كيف تتزوجين مليونيراً" (1953) الفيلم حيث لفتت مارلين الجمهور خصوصاً الرجال.

ورغم أن مارلين سعت للنجومية فإن النجومية اربكتها كثيراً. تقول "الشهرة تثير الحسد، لكنها تعطي نوعاً من الامتياز يجعل الناس يمشون اليك ويقولون كلاماً لا يؤذي مشاعرك". وتقول ايضاً: "الشهرة متقلبة لها ضريبتها ومنافعها". أما الاجر الذي تقاضته مارلين منذ ان أصبحت نجمة حتى رحيلها، فهو دليل على صعود

اسهمها وتهافتت شركات الانتاج عليها وتقاضت 1050 دولاراً عن "فيلم غابة القير" (1950)، 500 دولار عن فيلم "كل شيء عن حواء" (1950)، 750 دولاراً عن فيلم "نحن لم نتزوج!" (1952)، 1250 دولاراً عن فيلم "يفضل السادة المحترمون الشقراوات" (1953)، 1500 دولار عن فيلم "السبعة حكة السنة" (1955)، 200 الف دولار + 10 في المئة من الأرباح عن فيلم "البعض يفضلونها ساخنة" بما قيمته أربعة ملايين دولار، وعن فيلم "عدم الملاءمة" (1961) حصلت مارلين على مبلغ 250 الف دولار، أما اخر افلامها "اشياء تعطي" (1962) والذي لم تكمل تصويره فحصلت منه على مئة الف دولار.

المشاهير ينتحرون:

- كان موعد المؤتمر الصحفي الذي أعلنت عنه مارلين مونرو يوم 8 من أغسطس 1962، وقد زارها- كما كشفت الوثائق- روبرت كيندي (شقيق جون كيندي الذي قُتل في عام 1963) يوم 4 من أغسطس، وتطور النقاش إلي صراع بالأيدي، وتعرضت مارلين لضرب مبرّح منه، واتصلت الخادمة بالشرطة، وتم نقل مارلين إلي أحد المستشفيات، وتُوفيت به مساء 4 من أغسطس، وتم إخفاء الخبر حتى غادر روبرت كيندي المدينة، وتم نقلها في سرّية تامة إلي بيتها، كما تم إخفاء كافة تقارير الشرطة عن الأعين في هذا الوقت، وتم الإعلان عن موتها مساء يوم 5 من أغسطس، وإعلان الخبر صباح 6 من أغسطس (قبل يومين من موعد مؤتمرها الصحفي) بأنها "انتحرت عارية" في سريرها.
- تبدأ بعد ذلك عملية تركيز على حياتها وأفلامها، فقد تبني زوجها الأخير "آرثر ميلر" تراثها، واستمر في الحفاظ على الدفع بصورتها التي صنعتها السينما في كافة وسائل الدعاية، حتى إن إنجلترا باعت عام 1986 صورًا وكروتًا لمارلين مونرو وحدها بمبلغ 1،760،000 جنيه إسترليني، وبالتالي

احتفظ عالم (ما قبل العولمة) بنموذج عالمي للأنوثة والإغراء، وصدق ميلر؛ إذ قال: "هذا النموذج يجب عدم الاقتراب منه حتى من قبل مارلين مونرو نفسها"!.

- "حين يصيب المرء حظا من الشهرة، تصبح صلاته بالطبيعة البشرية أقرب إلي القسوة. ذلك أن الشهرة توقظ الحسد، وهذه حقيقة. يعتقد الناس أنك لمجرد أن تكون مشهورا، يصبح من حقهم المبرم علك أن يقتربوا منك، وأن يقولوا لك أي كلام، من دون أن يسبب لك هذا الكلام أي ضيق..." هذه الكلمات هي للممثلة الأمريكية العالمية مارلين مونرو (1962/1926)، التي أحاطت بحياتها ومماتها الكثير من الأسرار والألغاز.

- لاعب البيسبول جو ديماجيو الذي قالت عنه: "إن زواجي منه أشبه بزيارة طبيب الأسنان، ذلك لأنه يمتلك أسنانا رائعة"، ومن الكاتب آرثير ميللر الذي قال عنها: "لقد صارت حالة دراسية في الجنس، وأصبحت لعبة الرجل المفضلة، ويجب عدم الاقتراب من هذه الصورة (الجسدية المحضة)، ولو منها هي..."

- قيل إن مارلين مونروكانت ترتدي لباسا مثيرا، وتخرج لتتصيد الرجال... وقيل ان لها عشاقا كثرا بعدد أدوارها في الأفلام والإعلانات الإشهارية. غير ان أشهر علاقاتها العشقية والملغزة كانت مع الرئيس الأمريكي الراحل جون كينيدي، وهناك من يقول إن العلاقة كانت مع أخيه روبرت كينيدي. "مارلين مونرو عاشت حياة الأضواء والسهرات والملاهي الليلية"، هذا ما قيل وما كتب عنها. لكنها هي تقول عن نفسها في مذكراتها التي اعتمد عليها نورمان ميللر في كتابه "يا لها من فتاة شقراء.. تبا، إنها مارلين": "كنت أوحي ببعض الغموض في الوسط الفني. إذ لا يشاهدني أحد بصحبة مشاهير هوليود. وفي عالم السينما كان عدد كبير من الناس يعتبر أنني طائر

غريب. لابد أنهم كانوا يحسبون أنني أقف أمام المرآة وأنعق منفردة. باستثناء جو ديماجيو، وفي أوقات قليلة السيد فرانك سيناترا الذي كان صديقا لجو ديماجيو، لم يكن يراني أحد لا في السهرات ولا في زيارات أهل الوسط الفني..."

- موتها كان غامضا أيضا، إذ يقال إن التحليل النفسي هو الذي عجل موتها أو انتحارها.. لقد كانت في السنتين الأخيرتين من حياتها (1962/1960) تستلقي يوميا على منضدة التحليل النفسي الفرويدي في عيادة الطبيب النفساني رالف غرينسون بهوليود لمدة أربع ساعات. لكن هذا الطبيب لم يكن يتبع مع مارلين قواعد التحليل النفسي ـ الفرويدي الكلاسيكي.. فقد كان يستقبلها في منزله، ويساوم في أغلفتها المالية مع هوليود، ويسمح لها بتناول بعض الحبوب المخدرة... هذا ما أورده المحلل النفساني والكاتب الفرنسي ميشال شنايدر في روايته "مارلين: الجلسات الأخيرة" من خلال بعض الأسئلة: "ما هو الدور الذي لعبه رالف غرينسون في موت مارلين؟ لماذا كانت هذه الممثلة المشهورة تحب أن تختفي عن الأنظار؟ ما هي العلاقة الحقيقية بين مارلين وغرينسون؟ وكيف كانت؟"

- يقول ميشال شنايدر: "لا يمكن أن نعرف حقيقة علاقة الطبيب بالممثلة، ذلك لأنهما لم يعودا موجودين.. لقد حملا معهما سر هذه العلاقة إلي القبر..." لكن يمكن أن ننسج بعض مظاهر حالاتها من خلال المذكرات والمراسلات، ففي رسالتها إلي غرينسون كتبت مارلين: "لم أنم الليل كله.. أحيانا أتساءل بماذا يفيد الليل الإنسان. بالنسبة لي الليل ليس فظيعا، وليس إلا يوما طويلا بلا نهاية..."

وأخيرا، ها إني أستغل هذا الأرق، وأقرأ مراسلات سيغموند فرويد... وأنا أفتح الكتاب شهقت لرؤية صورة فرويد: إنه يبدو مكتئبا (أعتقد أن الصورة

التقطت قبل وفاته)، كأنه يشكو من حزن عميق ومكشوف..." كثيرة هي الأسرار والأقاويل التي نسجت حول مارلين. فقد قيل انها حبلت من الرئيس الأمريكي جون كينيدي، وتحت الضغط أسقطت الجنين. وقيل كان انتحارها مخططا له: تم قتلها من طرف المخابرات الأمريكية، وأعيدت إلي شقتها، وتم حقنها بحقنة شرجية. وقيل إن آخر من شوهد في شقتها (ليلة موتها أو قتلها أو انتحارها) كان هو طبيبها النفساني رالف غرينسون...

في حوار مع ميشال شنايدر مؤلف رواية "مارلين: الجلسات الأخيرة" يقول هذا الأخير: "لأني قرأت الكثير من الكتب عن موت مارلين، ووجدت أن كل واحد منها يسرد حكاية مخالفة للاخرى، فإني لن أستطيع أن أؤكد هل مارلين انتحرت، أو أنها قتلت، أو أنها تناولت جرعات زيادة عن المعتاد، أو أن الطبيب غرينسون له يد في ذلك، أو أن موتها كان وراءه آل كينيدي أو المافيا أو المخابرات الأمريكية...؟ لا أعرف بالضبط من.. ولا أحد يمكنه أن يعرف ذلك...

تزوجت مارلين وطلقت ثلاث مرات. فبعد زواجها الأول من دوخرتي تزوجت لاعب البيسبول الشهير جو ديماجيو ثم الكاتب المسرحي الأمريكي الشهير آرثر ميللر.ولكنها توفيت وللحقيقة انتحرت في مقتبل العمر لأسباب غامضة..ويشاع عبر الصحف والمجلات التي تناولت قصة حياتها إن المخابرات الامريكية هي التي قتلتها.

من اقوال مارلين عن الشهرة:

- أمر رائع ان اكون حلم الرجال لكنني كنت افضل ان يحبوني لشخصي لا لنجوميتي.
- كنت عندما اسير واري خلفي الاخرين يلاحقونني بالصفير وكلمات الاعجاب احس بسعادة حقيقية وابادلهم التحية وبعد ذلك يقولون

لرفاقهم لقد قالت لي مارلين مونرو صباح الخير فتلك سعادتي عندما اعطي حياتي وفني لجمهوري.

- ولكنني لا انسي عندما ذهبت لشراء منزل وفتح صاحبه الباب وصاح فرحا وقال انتظري اريد ان تراكي زوجتي وعندما جاءت زوجته قالت لي ببرود اذهبي من هنا فورا.
- كانت شهرتي سلاحا ذا حدين جلب لي غيرة النساء وكرههم.
- عندما احسست بشهرتي للمره الاولي لم اصدق نفسي. عند عودتي من المطارورأيت الافيشات تحمل اسمي وصوري في كل مكان فقلت لنفسي لابد ان هناك خطأ ما لانهم في الاستوديو ظلو يرددون لي مرارا انت لست نجمة لكن الفضل الحقيقي لإحساسي بالنجوميه للصحفيين.
- اصعب اوقاتي عندما اذهب الي الاستوديو لعمل مشهد صعب وأرى عاملة النظافة فأقول لنفسي لماذا لم اكتف بعمل كهذا بدلا من مشقة السينما.
- الشهرة لم تكن كلها طريقا ورديا وسعادة لي فهي مسؤولية عندما افكر في الاف الفتيات اللائي يقلدنني او يقرأن عني شائعات واكاذيب في الصحف كم تمنيت ان يعرفنني على حقيقتي فأنا عملت في بداية حياتي في غسيل الاطباق وكنت أتقاضي خمسة قروش على كل مائة طبق وكنت أغسلهم ولا آكل مابها.

- كتاب يبريء "كينيدي" من قتل مارلين مونرو

الكتاب الفرنسي الجديد "مارلين..السر الاخير" زاد من قدر الغموض الذي يحيط بوفاة الممثلة الامريكية مارلين مونرو في اغسطس عام 1962 رغم انه نفي تهمة قتل نجمة الاغراء عن عائلة كينيدي.

ويبدو ان وفاة مارلين مونرو ستظل سرا الي ما لا نهاية بعد ان وجه الكاتب الصحفي ويليـام ريمون في كتاب "مارلين..السر الاخير" اتهامات مستترة الي عدد من الاطراف هي شركة فوكس للانتاج السينمائي وطبيبها الخاص وطبيبها النفسي وحتى مستشارها الصحفي بل ووصيفتها.

والمعروف ان السبب الذي اعلن عقب وفاة مـارلين مـونرو في 4 اغسـطس عـام 1962 كـان الانتحار بتناول جرعة زائدة من منوم "نمبيوتال" غير ان مكتب التحقيقـات الفيدرالي "اف بي اي" عاد في السبعينات ليروج اشاعة مفادها ان مارلين مونرو لم تنتحر لكنها راحت ضحية مؤامرة دبرتها عائلة كينيدي للتخلص منها بعد ان بدأت في ابتزاز العائلة بالتهديد بفضح علاقتها معهم خاصة مع الرئيس جون كينيدي وبوبي كينيدي.

ويبرىء الكتاب عائلة كينيدي من تهمة القتل بتوزيع اتهامات غير واضحة المعالم بـدت مـع ذلك وكأنها تتهم شركة فوكس بقتل مونرو انتقاما منها بعد النـزاع الـذي نشـأ بينهمـا بشـأن فيلم "سامسينجز جوت تو جيف" واستند الكاتب في اتهاماته غير الواضحة الي فـوكس ومجموعـة اخرى من الاشخاص الي اعترافات ممرض توفي في عام 1993 كان شاهدا على ظروف وفاة مارلين مونرو بعد فشل محاولات انقاذها.

ويقول ويليام ريمون في كتابه انه بعد ان بدأت مارلين تصوير الفيلم المتنازع عليه مع شركة فوكس وفقا لشروطها فوجيء الجميع بأن مونرو عثر عليها ميتة بعد ان عثر على جرعات كبيرة مـن منوم نمبيوتال في دمها وكبدها دون ان يكون هناك اي اثر للمنوم في معـدتها مـا يعنـي ان احـدهم هو الذي قام بحقنها بالمنوم وليس عن طريق الفم كما اعلنت السـلطات المختصـة ليـتم تشخيص وفاتها على انه انتحار بجرعة زائدة من المنوم.

وقد بدأ الكاتب في توزيع اتهامات "مبهمة" لعدد من الاشخاص دون ان يتهم صراحة احد من هؤلاء بقتل مونرو فيقول رايمون ان المستشار الصحفي لمارلين مونرو قام في ليلة 4 اغسطس عام 1962 بالقاء علبة المنوم الخاصة بها في المرحاض فما كان من مارلين مونرو الا ان اتصلت بطبيبها الخاص الدكتور انجلبيرج للعثور لها على بديل حتى تستطيع النوم.

واضاف الكاتب انه عندما رفض الدكتور انجلبيرج الانتقال لمنزل مارلين مونرو لجأت الممثلة الى طبيبها النفسي جرين صن الذي يعتقد انه ذهب الي انجلبيرج ليحصل منه على محلول سائل اعطته وصيفتها لها عن طريق الحقنة الشرجية في السابعة والنصف مساء لتموت مارلين مونرو في التاسعة مساء وليس في الثالثة صباحا كما اعلن.

وقال انه ربما يكون القائمون على شركة فوكس قد ارسلوا اشخاصا يعملون لديهم فور علمهم بموت مارلين ليتولوا عملية تنظيف المنزل ومحو كل اثار الجريمة حتى تظهر الامور وكأن مونرو قد تخلصت من حياتها بجرعة زائدة.

وينتهي الكتاب بسؤال يثير الغموض بشكل اكبر بشأن وفاة مارلين وهو....هل كانت الجرعة التي تناولتها مارلين مونرو حادثا ام انها كانت جريمة قتل؟

ما بعد الموت وبداية الاسطورة

تبنى زوج مارلين مونرو الأخير "آرثر ميلر" تراثها، واستمر في الحفاظ على الدفع بصورتها التي صنعتها السينما في كافة وسائل الدعاية، حتى إن إنجلترا باعت عام 1986 صورًا وكروتًا لمارلين مونرو وحدها بمبلغ 1،760،000 جنيه إسترليني، وبالتالي احتفظ العالم بنموذج عالمي للأنوثة والإغراء، وصدق ميلر؛ إذ قال: "هذا النموذج يجب عدم الاقتراب منه حتى من قبل مارلين مونرو نفسها"!.

هل كانت مارلين مونرو ضحية جريمة اغتيال بسبب علاقتها مع بوبي كيندي؟!

كُشف النقاب، ولأول مرة عن تسجيلات صوتية للممثلة مارلين مونرو على شريط لم يسمع به أحد مطلقاً من قبل لأنه ظل طي الكتمان منذ أن قامت الراحلة بتسجيله قبل أسابيع قليلة من موتها الغامض. وقد أماطت في تلك التسجيلات اللثام عن أفكارها ورؤاها الخاصة جداً عن أفراد عائلة كنيدي وعن حياتها الشخصية الماجنة، بل وانطوت التسجيلات على إشارات تدل على أنها تعرضت للاغتيال. وصدر الإذن مؤخراً بنشر محتويات هذه التسجيلات الخطيرة والتي أوردتها صحيفة ذي لوس انجلس تايمز؛ وذلك من قبل جون ماينر البالغ من العمر 86 عاماً، وهو وكيل نيابة وإدعاء سابق في مقاطعة لوس أنجلس كان حاضراً عند تشريح جثة مارلين في عام 1962م.

فقد أشارت تلك التسجيلات إلى ما يلي:

- إن الانتحار الذي تم الإعلان عنه كسبب رسمي لوفاتها لم يكن سوى غطاء للتستر على السبب الحقيقي للوفاة؛ وهو أنها أغتيلت بحقنة شرجية مميتة تحتوي على جرعة عقاقير قاتلة. وأنها كانت خلال الفترة التي شهدت موتها تسعى سعياً حثيثاً لقطع علاقتها مع روبرت شقيق الرئيس جون فرانكلين كنيدي وإخراجه من حياتها.
- وأن حياتها الخاصة قد اشتملت على بعض الممارسات غير السوية مع أسطورة الشاشة جوان كراوفورد.
- وكان ماينر قد قام بتشغيل الأشرطة مع الدكتور رالف غرينسون طبيب مارلين الخاص، وقال إنه كان يأخذ ملاحظات «حرفية» أثناء الاستماع للأشرطة؛ وقطع وعداً بأن هذه المعلومات ستظل حبيسة صدره إلى أن يأخذها معه إلى قبره؛ بيد أنه بعد مضي عدة سنوات، وبعد أن مات غرينسون وأشارت إليه أصابع الاتهام كمشتبه به محتمل في موت

مارلين، حصل ماينر على إذن من أرملة غرينسون ليفصح عما سمعه. وتحدث ماينر في هذا الصدد قائلاً:

- «ما من سبيل ممكن لهذه المرأة أن تقتل نفسها. وإن الانتحار هو آخر شيء تفكر فيه مارلين في الأيام التي سبقت وفاتها وأردف ماينر قائلاً: «كانت لديها خطط محددة جداً وواضحة المعالم عن مستقبلها؛ وكانت تعرف تماماً ماذا تريد على وجه الدقة والضبط». أما جيمس باكون البالغ من العمر 91 عاماً، وهو محرر عمود خاص عن هوليوود وصديق لمارلين الذي سجل لها زيارة قبل خمسة أيام من وفاتها، فقد أضاف قائلاً:
- «لم تكن تعاني من أي اكتئاب، وإنما كانت تتحدث عن الذهاب إلى المكسيك؛ ووقتها كان لديها خطيب مكسيكي». وربما كانت هذه العلاقة الغرامية الجديدة هي الدافع لرغبة مارلين في إخراج المدعي العام للولايات المتحدة بوبي كنيدي من حياتها ومسح ذكرياته من خيالها. فقد تحدثت صراحة عن هذا الأمر في الأشرطة، حيث قالت: «لا مجال له في حياتي؛ ولا أملك الجرأة لمواجهته والاضرار به. وإنني أريد شخصاً آخر لكي يوصل إليه المعلومة ويخبره بأن ما بيننا ولى إلى غير رجعة. وقد سعيت لأن يتولى الرئيس هذه المهمة، ولكنني لم أتمكن من الوصول إليه».
- لقد كان روبرت كنيدي عنصراً رئيسياً ولاعباً أساسياً في مسرح جريمة القتل الغامضة والغريبة ليلة وقوعها. وتؤكد سجلات وكالة الاستخبارات المركزية الأمريكية أن منزل مارلين كان تحت المراقبة اللصيقة في الأشهر الأخيرة من حياتها لأنه كان يسود اعتقاد بأنها على علم بالعديد من الأسرار عن جون فرانكلين وروبرت كينيدي.
- وأما إفادات الشهود التي أدلوا بها بعد عدة عقود، فقد برهنت على أن مارلين وشقيق الرئيس قد نشبت بينهما مناقشات وملاسنات حادة وعنيفة في عصر ذلك اليوم، وأنه عاد معها بصحبة الصديق الحميم

بيتر لوفورد حوالي الساعة العاشرة من مساء ذلك اليوم إلى المنزل. وبعد ساعات قليلة من مغادرتهما، أبلغ إيونيس موراي حارس منزل مارلين عن موتها

وبرغم مضي كل هذه السنوات، يرى ماينر أنه ينبغي إجراء تشريح جديد للجثة للرد على الأسئلة التي لم يجب عليها التشريح الأول. وفي معرض شرحه لفرضيته القائمة على أن موت مارلين كان نتيجة لحقنها بحقنة شرجية وليس عن طريق الفم أو الحقن الوريدية، يقول ماينر: «يشير التشريح بوضوح إلى أن مسكنات البربيتيوريت التي دخلت إلى جسمها بكميات كبيرة نفذت إلى داخل الجسم عن طريق الأمعاء الغليظة. وليس هناك ما يشير إلى أن الأقراص قد تم تناولها عن طريق الفم».. وتتضاءل علاقات مارلين الغرامية مع كنيدي أمام الليلة التي أمضتها مع جوان كروفورد. فقد أوردت مارلين وصفاً لما حدث في تلك الليلة وقالت إن جوان كانت ترغب في استمرار هذه العلاقة الشاذة بيد أنها رفضت ذلك بقولها: «أخبرتها بوضوح أنني لا أرغب في ممارسة ذلك مع امرأة. و ذلك، أوغر الحقد صدرها غيظاً وضغينة».هذا الخبر من موقع جريدة الرياض اليومية.

جنازة مارلين مونرو

انتحار رئيس الوزراء السوري الاسبق
محمود الزعبي

محمود الزعبي

طريقة الانتحار: أطلق الرصاص على رأسه من مسدسه

تاريخ الانتحار: 2000/5/22

سبب الانتحار: أزمة نفسية حادة بسبب الخوف من المحاكمة على الفساد.

نقلت وكالة الأنباء الفرنسية عن شاهد عيان قوله إن الزعبي أطلق النار في الهواء مرتين قبل أن يصوب مسدسه نحو رأسه، وذلك عندما وصلت الشرطة إلى منزله لتسليمه مذكرة استدعاء لمثوله أمام القضاء بتهم تتعلق بالإضرار بالاقتصاد الوطني

الرواية الرسمية: قال بيان لوزارة الداخلية السورية إن قائد شرطة دمشق توجه إلى منزل الزعبي لتسليمه مذكرة للمثول أمام القضاء في الاتهامات المنسوبة إليه، وعندما طالب بمقابلة الزعبي سمع دوي إطلاق الرصاص. وقال البيان الذي نقلته وكالة الأنباء الرسمية إن الزعبي أطلق الرصاص على نفسه من مسدسه في غرفته بالطابق العلوي من المنزل وأمام زوجته وأولاده.

وقد تم دفن الزعبي في مسقط رأسه بمحافظة درعه بلا مراسم تشييع رسمية. وقد حضر الجنازة ابناه مفلح وهمام وعدد من الأقارب. وقال أحد مرافقي النعش

الذي خرج من مستشفى المواساة في العاصمة السورية دمشق إن صلاة الجنازة أديت على الجثمان في مسجد قرية غزاله خرباط مسقط رأس الزعبي.

ولدى وصول الجثمان إلى القرية شارك في التشييع عدد من وجهاء القرية والمقربون والأصدقاء.

وكانت مصادر سورية قد كشفت أن انتحار رئيس الوزراء السوري السابق: محمود الزعبي كان هو المرة الثانية التي حاول فيها الانتحار، بينما فشل في المرة السابقة، فقد نجح بوضع حدّ لحياته في المرة الثانية والأخيرة، ولم يستطع الأطباء إنقاذه هذه المرة من "طلقة الرحمة" التي سدّدها إلى رأسه كما استطاعوا في المرة السابقة.

وحسب مصادر طبية في العاصمة السورية.. فإن المهندس محمود الزعبي البالغ من العمر (65) عامًا، أطلق رصاصة في رأسه وهو في منزله الكائن في ضاحية دمر القربية في دمشق، وقد نُقل فورًا إلى مستشفى المواساة حيث فارق الحياة.

وكانت "الشائعات" قد سبق وراجت في سوريا تتحدث عن محاولة انتحار قام بها رئيس الوزراء الأسبق، ولم يتم تأكيد أو نفي الخبر في حينها، ولكن المحاولة الجديدة جاءت لتؤكّد صحة الشائعات السابقة.

وكان رئيس الوزراء السوري الأسبق قد طُرد من حزب البعث العربي الاشتراكي الحاكم في سوريا، في 10-5-2000م؛ وذلك بسبب اتهامه بارتكاب ممارسات فساد خلال تولّيه رئاسة مجلس الوزراء، وعلى إثر الطرد تم وضعه تحت الإقامة الجبرية في منزله تمهيدًا لتقديمه للمحاكمة.. وفي خطوة لاحقة أصدرت السلطات السورية قراراً بالحجز المؤقت على أملاك الزعبي وأسرته المنقولة وغير المنقولة.

ولم يكن طرد الزعبي في حينه وإحالته إلى المحاكمة أمرًا مفاجئًا تمامًا للشارع السوري -رغم أنه شكّل سابقة-؛ فقد أدان الرئيس السوري حافظ الأسد سياسة حكومة الزعبي في اجتماع القيادة القطرية للحزب في فبراير الماضي، ووجَّه إليها اللوم؛ لأنها لم تنقذ شيئًا مما عُهد به إليها، وذلك في خطابه الذي ألقاه أمام مجلس الشعب في مارس 1998 حيث كان قد حدد لها في ذاك الخطاب سياسات واضحة في المجال الداخلي، وأشار حينها بوضوح إلى ضعف الأداء، وعدم مواجهة الحكومة للصعوبات الاقتصادية، واستشراء الفساد والتقصير في جوانب عديدة، وبعد عام في الخطاب تبيّن للرئيس الأسد أن الحكومة لم تحرّك ساكنًا ولم تنفذ ما طلبه منها فأقالها وكلف الدكتور محمد مصطفى ميرو بتشكيل الحكومة الجديدة (الحالية).

وكان المهندس محمود الزعبي (65) عامًا قد انتخب عضوًا احتياطيًا في القيادة القطرية في المؤتمر القطري السادس عام 1975، وشغل منصب رئيس مكاتب المالية والاقتصاد والطلبة في القيادة القطرية.

التشكيك في الانتحار:

شككت جماعة سورية معارضة في الرواية الرسمية السورية حول انتحار رئيس الوزراء السابق محمود الزعبي في منزله يوم الأحد الماضي

وقالت جماعة الإخوان المسلمين المحظورة في بيان لها إن الزعبي ربما قُتل على أيدي من أسمتهم بالمافيا، خوفا من الأسرار التي يمكن أن يكشفها أثناء محاكمته.

وتساءل بيان الجماعة عن كيفية حصول الزعبي على المسدس الذي استخدمه في عملية الانتحار بالرغم من الإجراءات الأمنية المشددة التي كانت مفروضة عليه وهو رهن الإقامة الجبرية.

انتحار الممثل التركي
يامان تركان

طريقة الانتحار: شنقا

تاريخ الانتحار: 19-6-2009،

سبب الانتحار: الاكتئاب بسبب الضائقة المالية

أثار انتحار الممثل التركي "يامان تركان" -50 عاما- الذي يلعب دور حيدر في مسلسل "قصر ـ الحب"، بعد مروره بضائقة مالية، صدمة كبيرة في الأوساط الفنية التركية. وكان يامان تركان قد أقدم على إنهاء حياته مؤخرا، بعد أن ظل 11 شهرا من دون عمل، حيث لم يكن يستطيع دفع ثمن علاجه في المستشفى، فيما أرجع البعض ذلك إلى تزايد حدة الأزمة الاقتصادية العالمية في تركيا؛ حيث تراجع إنتاج الأفلام والمسلسلات.

وعلق الممثل "أوزكان دينيز"؛ الذي يلعب دور حسام في مسلسل "قصر الحب" على انتحار الممثل، قائلا "إن تركان كان رجلا واعيا لذاته، ولديه القدرة على حل المشكلات التي يمر بها، ولكن الحياة ليست خالية من المشكلات، وكانت أكبر

مفاجأة حزينة لنا جميعا هي خبر انتحاره، لعدم قدرته على دفع تكاليف علاجه في المستشفى"، بحسب صحيفة "الجمهورية التركية Cumhuriyet".

عاطل لـ11 شهرا: من جانبها، نقلت صحيفة "وطن" التركية عن مدير المسرح روتكاي عزيز، قوله "لقد كان صديقنا عاطلا عن العمل لمدة 11 شهرا"، مشيرا إلى أن الممثلين والممثلات لا تحميهم مظلة تأمينات في حال البطالة.

من جانبه قال الممثل التركي "طارق أكان" "حاولت مع بعض الأصدقاء تقديم المساعدة له لكننا لم ننجح، وكانت النتيجة انتحاره".

فيما أوضح الممثل ظافر أولجوز "أنه قبل فترة وجيزة كان يتحدث عن الأزمة الاقتصادية، وعدم وجود وظيفة ثابتة".

جنازة الفقيد:كانت جنازة الفنان الفقيد قد حضرها زملاؤه في مسلسل "قصر الحب"، حيث بدا عليهم التأثر الشديد بسبب فراقه، كما انخرطت "نوردان تركان" زوجة الفقيد في البكاء، وهي تقف بجوار نعش يامان قبل أن تتم الصلاة عليه ودفنه.

الممثل التركي يامان تركان من مواليد 1959، وجاء انتحاره بعد مسيرة فنية حفلت بـ18 مسلسلا تلفزيونيا، من أبرزها::"Belene" عام 1987، وقدم عملين عام 1990 هما: "" Reise der Hoffinung، و"Benim Sinemalarim"، كما شارك بعدها في مسلسلات تلفزيونية على مدى السنوات الأخيرة قبل انتحاره، وكان آخرها "Kader" و"Sis ve gece".

وقد جذب دور حيدر الذي يؤديه الفنان يامان تركان في قصر الحب العديد من المشاهدين، حيث أثنوا على تجسديه للشخصية بحرفية عالية.

انتحار يهوذا الإسخريوطي

طريقة الانتحار: الشنق

تاريخ الانتحار: 33م

سبب الانتحار: الاكتئاب الحاد بسبب الندم على الخيانة

يهوذا الإسخريوطي (بالإنكليزية Judas Iscariot)، هو واحد من تلاميذ المسيح الإثني عشر- ويسمى أيضا بيهوذا سمعان الإسخريوطي، وكان كتبة الأناجيل يركزون على ذكر لقبه لتمييزه عن الرسول يهوذا تدّاوس. ويعتقد كثير من العلماء أن لقب الإسخربوطي محرف عن الكلمة اللاتينية Sicarius ومعناها القاتل أو السفاح.وبحسب الأناجيل القانونية فإن يهوذا الإسخريوطي هو التلميذ الذي خان يسوع وسلمه لليهود مقابل ثلاثين قطعة فضة وبعد ذلك ندم على فعلته ورد المال لليهود وذهب وقتل نفسه، وبعد قيامة يسوع من الموت اختار الرسل متياس بديلا عن يهوذا ليكون من جملة الاثني عشر.

يهوذا الإسخريوطي في الإنجيل:كان أول ذكر ليهوذا الإسخريوطي في الإنجيل هو أثناء اختيار يسوع لرسله الإثني عشر، وكان الإنجيل يصف يهوذا بالمُسلِّم من حيث أنه سلم يسوع لليهود (ويهوذَا الإسخريوطي الَّذِي صار مُسَلِّماً أَيضاً) ، وكان يسوع يعرف دائما بأن يهوذا سيخونه (أجابهم يسوع: ((أَلَيس أَني

أَنا اختَرْتكم، الاِثني عشر؟ وواحد منكم شيطَانٌ!)) قال عـن يهـوذا سـمعان الإسـخريوطي، لأن هـذا كَان مزمعاً أَن يُسَلِّمَه، وهو واحد من الاِثني عشر

كان المسيح قد أوكل ليهوذا الإسخريوطي مهمة حفظ مالـه ومـال التلاميـذ فكـان صـندوق المال عنده وكان يسرق منه (فَقَالَ واحد من تلاميذه، وهو يهـوذا سـمعان الإسـخريوطي، المزمـع أن يُسَلِّمَه: ((لماذَا لم يبع هذا الطيب بثلاثمئة دينار ويعط للفقَـراء؟)) قَـال هـذا لـيس لأَنـه كَـان يبـالي بِالفقَراء، بل لأَنه كَان سارقاً، وكَان الصندوق عنده، وكَان يحمل ما يلقَى فيه.).ثـم اتفـق يهـوذا مـع رؤساء كهنة اليهود على أن يسلم لهم المسيح مقابل ثلاثين قطعة فضـة في مكـان خـلاء لأن اليهـود كانوا يخشون القبض على يسوع في النهار أمام الجموع لـئلا يثـوروا ضـدهم. وأثنـاء العشـاء الأخـير اعلن يسوع للتلاميذ عن أن واحدا منهم سيسلمه لحكم الموت لتكتمل جميع النبـوات (وفـيما هـم يأكلون قَال: ((الحق أقول لَكم: إِن واحدا منكم يُسَلِّمني)). فحزنوا جدا،وابتدأ كل واحد منهم يقول له: ((هل أنا هو يا رب؟)) فأجاب وقَال: ((الذي يغمس يده معي في الصحفة هو يُسَلِّمُني! إِن ابـن الإنسان ماضٍ كَما هو مكتوب عنه،ولَكن ويل لذَلك الرجل الذي به يُسَـلَّمُ ابـن الإنسـانِ. كَـان خـيراً لذَلك الرجل لو لم يولد!)). فسأل يهوذا مُسَلِّمُهُ وقال: ((هل أنـا هـو يـا سـيدي؟)) قَـال لـه: ((أنـت قلت))).كان يهوذا يعرف بطبيعة الحال الأماكن التي اعتاد يسـوع أن يختـلي فيهـا بتلاميـذه فـدلَّ اليهود على مكانهم في بستان جثسيماني وكان قد اتفق معهم مسبقا بان الذي سيقبله سـيكون هـو يسوع النـاصري وعنـدما وصـلوا قـال لـه يسـوع جملتـه المشـهورة (يـا يهـوذا، أَبِقبلـةٍ تُسَـلِّمُ ابـن الإِنسانِ؟).

انتحار الروائـــــي اليابانـي
يوكويو ميشـيـمـا

طريقة الانتحار: الانتحار على طريقة /السيبوكو/ طريقة فرسان اليابان الشجعان القدماء.

تاريخ الانتحار: 1970/11/25

سبب الانتحار: الاحتجاج على اذعان اليابان للولايات المتحدة

ولد كيميتاك هيرادكا - الذي بات يعرف بيوكويو ميشيما في اليـوم الرابع عشرـ مـن شهر كانون الثاني سنة 1925 لأسرة محافظة جداً على التقاليد الساموراي.. وفور ولادته استطاعت جدتـه لأبيه ان تختطفه وتربيه حسب مزاجها في بيتها الصغير وكبر يوكويو علـى سـماع قصص ومغامرات الساموراي من جدته التي لا أحد في حياتها

غيره. وإن كانت تستمتع بملء فراغها برفقة حفيدها غير الهادئ فإنه كان على العكس يـرى الاهتمام سيطرة على اوقاتـه وحريتـه في اللعـب مـع اصدقائه الاطفال في الشارع أو في أي زاويـة اخرى. كانت هذه الجدة تأخذه الى المسرح حتى

تبعده عن الضجر والسأم واصبح يشاهد النو بشكل متواصل برفقة جدته سنوات اليفاعة

عندما يصبح في الثانية عشرة من عمره يهرب بغتـة مـن جدتـه المسـتبدة ويلجـأ الى البيت للعيش مع والديه وان كان لسوء حظه ان والده من اشد الكارهين للأدب والكتب والاوراق فإن من حسن حظه ان والدته كانـت تناقضه تماماً فكانـت تهتم بالاصدارات الجديـدة وتقـرأ الـدوريات وتفضل الادب على كل شيء وعرفت اهتمام ابنها بالأدب فشجعته ورأت فيه كاتباً مسرحياً.

عندئذ كتب يوكويو العمل الاول في حياته وهو عبارة عـن رواية وانجـز هـذا العمـل الـذي عنوانه بيت في الرابعة عشرة من عمره وفور انجازها وقع عليها الأب ورأى الرواية المكتوبة بخط يد ابنه لم يحتمل فهجم عليه وصفعه ثم مزق الرواية وحرقها ولم يترك منها سطراً، وعاقبه عقاباً مرعباً والاكثر أنه هدده بالطرد إذا ما صادف ورأى أي قلم بيده أمام رغبته الملحة للكتابة واضطهاد والده وتشجيع والدته قرر ان يكتب خلسة عندما يتأكد من خروج والده أو سفره أو نومه عنـدما يكـون في البيت.. يكتب على دفتر ويحافظ عليه بدقة ويخفيه في أماكن لا تخطر لبال الأب.

لقد بدا الدفتر بالنسبة له أشبه بالكنز بل انه الكنز بعينه وفي هـذه الظـروف يكتـب عملـه المتميز اعترافات قناع وينجزه بعد سنوات وربما عملـه في وزارة المالية اتـاح لـه ان يكتـب في اثنـاء الدوام فتجرأ لأول مرة واقدم على طبع هذا المخطوط وعند نشره لفت انظار كبار النقاد وكتبـت عنه الصحف والمجلات اليابانية فتحسن وضعه الاقتصادي مما شجعه على تقديم طلـب الاستقالة من وزارة المالية بفضل طباعة الرواية ليتفرغ للأدب والكتابة.

آفاق الشهرة والنجاح

يظهر من عنوان الرواية أنها تمس الروائي نفسه أي هـي سـيرته يـدرس فيهـا سـحر المـوت فالجنس هنا يقترن بالموت ولكن أي موت.. الموت الذي يهب الحياة للآخرين لجيل جديد لا يمكن له ان يولد إلا بعد ان تتم هذه العملية الحاسمة ولدى إلقاء الضوء على علاقاته يحـاول يوكويـو ان يخفي تفاصيل هذه الوقائع وهو من نمط مارسيل بروست.. ربما لعلاقاته السياسية والاجتماعيـة الواسعة لذلك لا يصل الى الاستقرار النفسي فيبدو مضطرباً في حياته وحتى في لحظات انتحاره.. إنه صراع نفسي حاد بين الواقع الذي لا يغفره المجتمع الياباني وبين الكاتب الـذي ينظـر اليـه الشـعب نظرة فيها الكثير من القداسة والبابوية والوقار.

يكتب يوكويو الرواية ولا يستقر فيكتب القصة القصيرة ثم يكتب المسرح ويعبر عن افكـاره بالمقالات.. ولا يستقر فيلجأ الى السينما كتابة وتمثيلاً.

ومن الجهة الاخرى يعلن انتساب افكاره الى اليمـين المتطرف ثم يسحب كلامـه فيـدخل اليسار ثم لا يلبث ان يترك كل شيء ليتفرغ للرياضة ويصبح من دعاة القوة الجسمانية في اليابان.

على الجسد ان يكون قوياً وهنا على ما يبدو يتأثر بنيتشه..ثم يعـود الى السياسـة في أواخـر حياته ويشكل ميليشيا خاصة به يسميها « المجتمع الدرع ».

لقد ترك يوكويو آثاراً كبيرة في معظم الاجناس الادبية خلال حياته الادبية القصيرة تزيد في مجملها عن مائة مجلد وتحتوي على ثلاثين رواية ومجموعة كبيرة من القصص القصيرة والمسرحيات الى جانب العديد من المقالات والدراسات الادبية التي نشرت في الصحف والدرويات اليابانية.

التمهيد للانتحار

يوكويو يفهم جيداً عبارة ابيقور ويعجب بها ويرددها في اعماقه: ما دمنا نعيش فالتفكير في الموت في غير محله.. وعندما نموت ينعدم وجودنا فلا موجب إذاً

للخوف من الموت ». إنه لا يخاف الموت وليس بمقدور الموت النفسي ان يجد طريقاً اليه.

يكتب في دراسة عن جورج باتاي: أريد ان تحبيني حتى في الموت أما أنا فإني أحبك هذه اللحظة في الموت.

ويوصل تصوير مشاهد التصوير الموتي في أفضل وأرقى أعماله الإبداعية: صوت الأرواح البطولية - وطنية - عطش للحب - وفي الثلاثية الروائية (بحر الخصوبة).

يقول يوكويو قبل انتحاره: «أريد أن أجعل من حياتي قصيدة ». وتقرع أجراس الموت في كتاباته الأخيرة ويواصل نشاطه الجسمي والسياسي والعضلي..ويشعر بأنه يقترب من دقائق التصادم الكبرى في تاريخه..لن يموت بصمت على سرير ميت،إن موته سيكون مواجهة ميتافيزيائية..سيكون مشهداً مذهلاً يبهر العالم ويهز اليابان لسنوات طويلة،وبعد الصراع يستوطن الهدوء،يستقر الشبح ويسترد أنفاسه بعد أن يسلب الجسد آخر رعشة،يتخيل يوكويو لحظات مابعد الصراع »: حديقة وضيئة آمنة لاتنفرد بشيء خاص،يسمع فيها صرير الزيزان كأصوات تنبعث من سبحةوردية يفركها المرء بين يديه..كأنه قد وصل الى مكان ما.. ولم تعد لديه ذاكرة ولاأي شيء،وشمس الصيف تغرق الحديقة الهادئة ».

الانتحار على طريقة /السيبوكو/ طريقة فرسان اليابان الشجعان القدماء.

يوكويو، يمارس هذا الطقس من التراث الياباني للرد على الحاضر المخزي.

في يوم الخامس والعشرين من شهر تشرين الثاني من عام 1970 احتل الروائي يوكويو كلية الأركان العسكرية بقوة «ميليشاه وأسر قائد الكلية..وجمع الجنود البالغ عددهم ثلاثة آلاف جندي ياباني في الساحة وقرأ بيانه الأخير التالي: «لقد انتظرنا طويلاً انتفاضة القوات المسلحة ولكن انتظارنا كان عبثاً،إن لم نتحرك فإن القوى الغربية ستبقى مسيطرة على اليابان حتى نهاية القرن القادم فإما أن نبقى

يابانيين بالمعنى الحقيقي أو نموت..أم أنكم لم تعودوا تكترثون إلا بالعيش وتتركون الروح تموت..إننا نقدم لكم قيما أهـم وأرقـى مـن العيـش السطحي..لاتهمنا الديمقراطيـة أو الحريـة..مايهمنـا هو اليابان..أرض التاريخ والتراث..اليابان التي نحب».

وعلى الفور أخرج سيفه وفتح جرحاً بمساحة 31 سم في بطنه واحتدم التصادم العنيـف بين الجسد الشجاع القوي الذي وقع عليه بغتة..ووقع على الأرض ينتفض بقوة وقسوة في مشهد دمـوي أرعب الجنود لم يستسلم الجسد للطعنة،بدأ يقاوم..بين دماء ساخنة ويتقدم اليه صديقه الحميم المسؤول عن قيادة الميليشيا بعده وعاجله بضربة لم تكن القاضية،وعاجله بضربة أخرى لكنها لم تكن الفاصلة..ومازال يوكويو يقاوم ويحدق الى رفاقه بعينين قاسيتين..فتقدم رفيـق آخر وسدد ضربة حاسمة الى عنقه فانفصـل رأس الروائي عـن جسـده في لحظة واحدة..وجـاء دور /موريتـا / الخائف لتنفيذ الاتفاق كي يطعن بطنه هو الآخر وسط نظرات الرفاق.

وجه ضربة خفيفة،وسحب السيف بخوف دون أن ينفذ الاتفاق..فتقدم نفس الرفيق اليـه وسدد ضربة الى عنقه وجعل رأسه بالقرب من رأس زميله الروائي،ولبث ثلاثـة أعضـاء مـن الميليشيا أحياء حسب الخطة المتفق عليها قبل بدء العملية.

استنتاج

بعد انتحاره نستخرج جملة هامة مـن سـيرته: «اعترافـات قنـاع » هـي: «كانت تصيبني الرعشة مع لذة غريبة حينما كنت أفكر بموتي،كنت أشعر أنني ملكت العالم بأسره ».

إنه شكل من أشكال ممارسة أقصى حدود الحرية..امتلاك كـل شيء في لحظـات خسـران كـل شيء..بيد أن مفهومه للموت يغدو أكثر نضجاً في روايته الكبيرة: « الشمس والفولاذ فعندما يطير في طائرة حربية يشعر للحظة ماتأن روحه تنفصل عن جسده ويتمتم بينه وبين نفسه: « في مكان مايجب أن يوجد مبدأ مايتوصل الى أن يجتمع بينهما ويصالحهما. وخطر ببالي ان هـذا المبـدأ هـو الموت».ولكن لاينبغي ليوكويو على الأقل أن يرضخ لشبح مـا.. ويقـاد الى الفـراش..ليـدخل الشبح خلفه،يمد يده ويسحب روحه..بينما يوكويو يستلقي في الفراش مستسلمـاً لـه حتـى ينجـز مهمتـه ويهرول قبيل الضوء،لابد أن يحتدم التصادم بينهما،وهذه هي دقائق اللذة التي ينظر اليها البطل بشغف وينتظر قدومها بشوق..إنه صراع ممتع بـين الجسد الذي يتمسك بـالالم بشغف وينتظر قدومها بشوق..إنه صراع ممتع بين الجسد الذي يتمسك بالعالم وبين قوة الشبح، الجسـد يتمسك بالعالم والشبح يصر على أن يسليه حياته.

هـذه هـي الـدقائق الحاسـمة التـي عليهـا أن تطـول - لـذلك كلـه يلجـأ الى رياضتـي /الكندو..والكاراتيه / وتمارين رفع الأثقال ويغدو من دعاة تقديس القوة العضلية في اليابان ويطلق مقولة سرعان ماتذاع: «إن الشيء الذي يقي الجسد في النهاية من أن يصبح مضحكاًهو عنصر الموت الذي يستوطن جسماً عامراً بالصحة ».

■ **يوكويو ميشيما أهم روائي ياباني في القرن العشرين.**

ولد يوكويو ميشيما في طوكيو، اسمه الحقيقي هيراو كيمتات، ويعتبر مـن قبـل العديـد مـن النقاد أهم روائي ياباني في القرن العشرين. بعد أن فشل في التأهل

جسدياً للخدمة العسكرية في الحرب العالمية الثانية، عمل ميشيما في مصنع بطوكيو وبعد الحرب درس الحقوق في «جامعة طوكيو». استقبلت روايته الأولى «اعترافات قناع» (1949) بحفاوة بالغة. أتبع هذه الرواية بروايات عدة لا تتمكن شخصياتها الرئيسية، لأسباب إما جسدية أو نفسية، من ايجاد السعادة. من بين هذه الأعمال «التعطش للحب» (1950)، «ألوان ممنوعة» (1954)، «صوت الامواج» (1954)، «معبد الايوان الذهبي» (1956). الى جانب الروايات والقصص القصيرة والمقالات، كتب ميشيما المسرحيات ضمن شكل، أو تقليداً النوع الياباني. أما عمل ميشيما الأخير، «بحر الخصب» (1956-1970) والذي هو عبارة عن ملحمة في أربعة اجزاء فيعتبر من قبل الكثيرين على أنه إنجازه الأكثر ديمومة.

لانجذاب ميشيما الى الوطنية المتزمتة والروح الحربية ليابان الماضي، فقد أظهر الرجل إحتقاراً للمجتمع الياباني المادي، ذي النزعة الغربية لما بعد الحرب. رغم إلمامه بالثقافة الغربية وإتباعه اسلوب عيش غربي الا أنه ثار ضد تقليد اليابان للغرب. شكل ميشيما جيشاً خاصاً من 80 تلميذاً اثار الكثير من الجدل. وكان الهدف من تأسيس هذا الجيش، «جمعية الدرع»، الحفاظ على الروح العسكرية لليابان وحماية الامبراطور ضد التهجمات.

في الخامس والعشرين من تشرين الثاني (نوفمبر) لعام 1970 قام ميشيما وأربعة من أفراد «جمعية الدرع» بالسيطرة على مبنى الاركان قرب وسط طوكيو. هناك قضى ميشيما على طريقة الهارا - كيري غارساً السيف في أمعائه. /عن مجلة نزوى: تقديم للأستاذ فوزي محيدلي

- أسس ميشيما عام 1968م جمعية الدرع التي كرسها لروح الساموراي. وصار خبيرًا في الفنون القتالية للكراتيه والكيندو. وبعد إنهائه لرواية بحر الخصوبة التي استغرقت كتابتها الفترة ما بين عامي 1965م و1970م، دخل ميشيما إلى مقر القيادة العسكرية في طوكيو، وانتحر.

المراجع

1. أدباء منتحرون – مكرم شاكر اسكندر

2. الإكتئاب "اضطراب العصر الحديث " فهمه وأساليب علاجه الدكتور عبد الستار إبراهيم

3. إمرأة من كلمات فيليس روز،

4. الانتحار..أسبابه.. ومشاهير انتحروا   قاسم حسين صالح

5. الأعصبة النفسية والذهانات العقلية عيسوي، عبد الرحمن

6. بسيكوبيديا، حريقة، بولا

7. أعلام وأقزام، د.سيد العفاني.

8. الانتحار اميل دوركايم

9. الانتحار في الأدب العربي د. خليل الشيخ

10. انتحار المثقفين العرب وقضايا راهنة في الثقافة العربية. محمد جابر الأنصاري

11. الأمراض النفسية والعقلية، راجح، أحمد عزت

12. بيوغرافيا وترجمات مختارة، د.أيمن أبو شعر

13. تطور النهضة النسائية في مصر، درية شفيق

14. قيام ماياكوفسكي يوري كاراتشيفسكي

15. "الطاغية نيرون" المؤلف: محمد عصمت

16. من تاريخ الانتحار..   هنري دي مونترلان..

17. الشاعرة جمانة حداد   انطولوجيا متوحشة

18. (الشعر السوفييتي-الروسي 1900-1980 (دراسة تحليلية

19. الـموت اختيـارا دراسة نفسية اجتماعية موسعة لظاهرة قتل النفس د. فخري الدباغ

20. ظاهرة الانتحار.. كيف عالجها القرآن عبد الدائم الكحيل

21. الـرضا النفسـي أحمـد عكـاشة. .البـاب الملكـى للصحـة والسـعادة /
22. ناصر وعامر: الصداقة، الهزيمة والانتحار عبدالله امام
23. العالم فكرة وارادة آرثر شوبنهاور
24. سيكولوجية الشخصية... الدكتور أسعد الأمارة
25. في كتابه "آثار التقليد""لورن كلومن"
26. . الحجاب، محمد إسماعيل
27. الحركات النسائية في الشرق وصلتها بالاستعمار والصهيونية العالميـة، د.محمـد فهمـي عبـد الوهاب.
28. شخصيات لا تُنسى، مصطفى أمين.
29. (لمن الأرض المقدسة، للفلسطينيين أم للإسرائيليين؟) كولن شابمان
30. (الصراع على الشرق الأوسط)، باتريك سيل
31. ماياكوفسكي: الأعمال الكاملة، دار البرافدا،موسكو
32. ماياكوفسكي شاعر الإشتراكية جلال فاروق الشريف
33. ـ (الموسوعة التاريخية الجغرافية)، مسعود الخوند،
34. المختار في حكم الانتحار عبدالعزيز بن صالح الجربوع
35. سيكولوجية الشخصية... الدكتور أسعد الأمارة
36. ، الصحة النفسية (دراسة سيكولوجية التكيف)،
37. صرخة ألم: فهم الانتحار وإيذاء الذات جيه. إم. جي
38. علم الإنتحار "- (ادوين شنايدمان).
39. علم الشذوذ النفسي، سعد، على،
40. العيش مع الإسلام البروفيسور (رفائيل يسرائيل
41. مشكلة الفن - زكريا إبراهيم

42.   الممارسة المهنية للخدمة الاجتماعية في المجال النفسي والعقلي، رشوان، عبد المنصف

43.   محرقة اليهود.رمسيس عوض.